淡海文庫 19

縄文人の淡海学

植田文雄 著

目次

COLUMN

近江の主要縄文遺跡

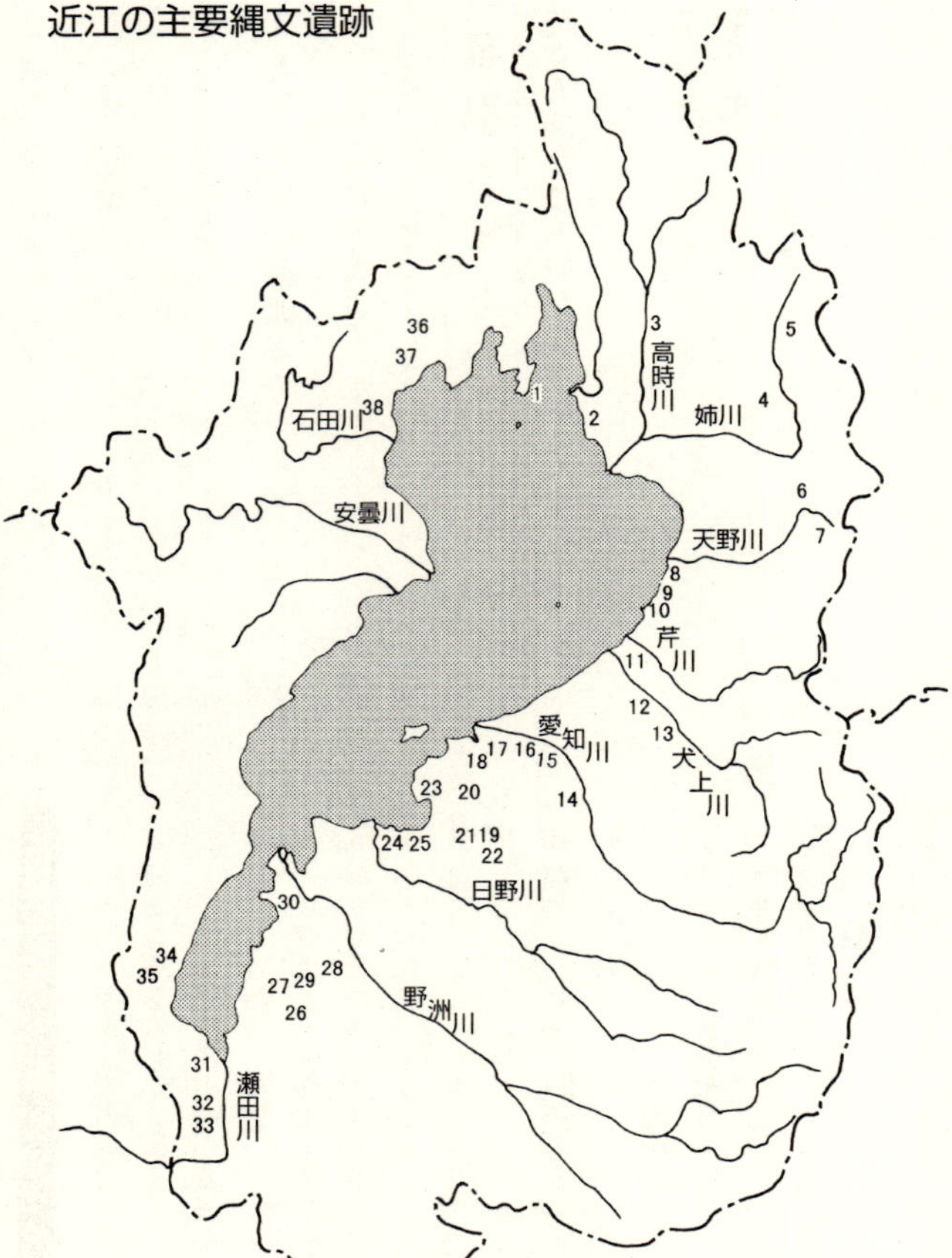

高時川
姉川
石田川
安曇川
天野川
芹川
愛知川
犬上川
日野川
野洲川
瀬田川
1
2
3
4
5
6
7
8
9
10
11
12
13
14
15
16
17
18
19
20
21
22
23
24
25
26
27
28
29
30
31
32
33
34
35
36
37
38

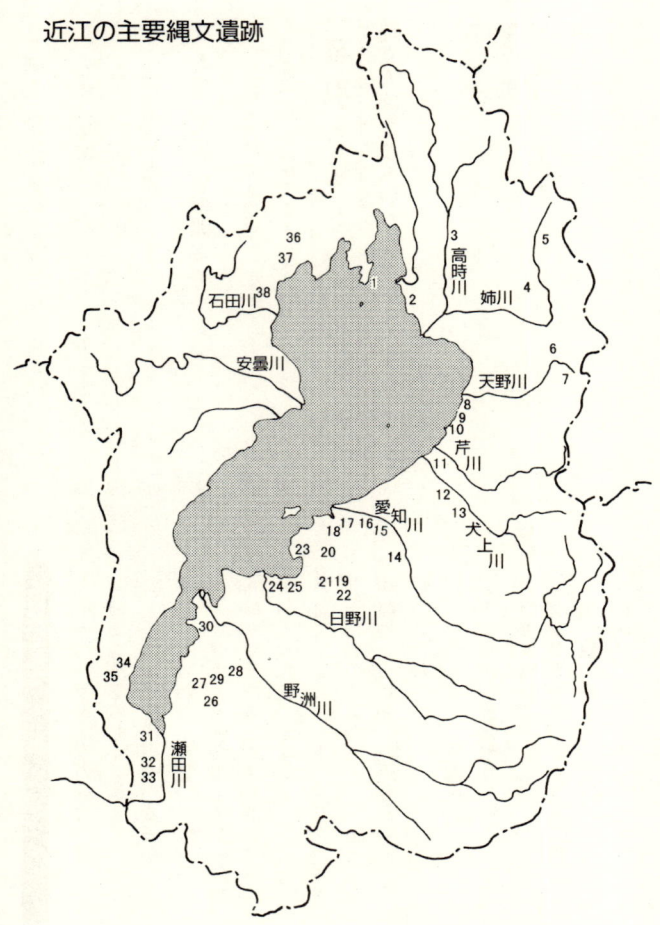

近江の主な縄文遺跡一覧

1	葛籠尾崎湖底	湖北町尾上	早～晩期	水深70mの湖底谷に位置する。搬入系土器も出土し，完形品が多い。
2	尾上浜	湖北町尾上	後期	海洋型の丸木船。
3	古橋	木之本町古橋	中期	石鏃，石斧，多量の石錘，石皿，石棒。
4	醍醐B	浅井町醍醐	中期	立石をもつ配石遺構。石鏃，黒曜石製石鏃，石匙，多量の石錘，敲石，凹石，石皿，石棒状石器。
5	起し又	伊吹町曲谷	早・中・後期	竪穴住居，埋甕，配石遺構。石鏃，打製・磨製石斧，石匙，石錘，磨石，石皿，石棒。
6	杉沢	伊吹町杉沢	中・晩期	土器棺墓群。中部山岳からの搬入土器，石鏃，石斧，磨石，敲石，石皿，石棒，石刀，多頭石斧，御物石器，石冠状土製品。
7	番の面	山東町柏原	中期	中央に炉を持つ竪穴式住居。多量の石鏃(チャート製，中部山岳産の黒曜石製)。
8	筑摩佃	米原町朝妻筑摩	早～晩期	自然流路。石鏃，石斧，石匙，スクレイパー，石錘，磨石，黒曜石剥片，河童型土偶。
9	磯山城	米原町磯	早～晩期	搬入土器，石鏃，石斧，石匙，楔形石器，石錘，磨石，凹石，石棒。早期の隠岐産黒曜石。埋葬人骨二体。
10	松原内湖	彦根市松原町	中～晩期	竪穴住居，土坑墓，土器棺墓。丸木船，弓，琴，竪櫛，耳栓，石棒，隠岐産黒曜石。
11	福満	彦根市西今町	後・晩期	トチノキ・クリ・クルミ。
12	小川原	甲良町小川原	後・晩期	住居群，配石・集石遺構群，土器棺墓，土器捨て場を検出。土偶，石棒，石刀。
13	金屋	甲良町金屋	後・晩期	竪穴住居，木棺墓（水銀朱)，土器棺墓。

14	新　　　堂	五個荘町新堂	晩　期	埋甕を伴う住居跡，土器棺墓を検出。土坑から突帯文土器，石器，土偶，石冠が出土。
15	正　楽　寺	能登川町種	後　期	竪穴住居，掘立柱建物，環状木柱列を伴う広場，土器塚，配石遺構，屈葬人骨。土面，耳栓，石剣，垂飾。
16	今安楽寺	能登川町今	中・後期	竪穴住居，埋甕，大量の土器・石器。
17	林・石田	能登川町林	後　期	埋甕を伴う住居跡と土坑。大型の石棒。
18	大中の湖東	能登川町伊庭	早・中期	搬入系土器が多い。石棒，打製・磨製石斧，石匙。
19	上　出　A	安土町上出	早～晩期	石囲炉を伴う竪穴住居，土器棺墓，木棺墓。けつ状耳飾り（縄・前期）。朱塗り浅鉢，黒曜石。
20	弁　天　島	安土町下豊浦	早～中期，晩　期	早期の押型文土器，前期の羽状縄文や爪型文土器，けつ状耳飾り。
21	後　　　川	近江八幡市長　田　町	中～晩期	平地式住居，土器棺墓，遺物包含層，土坑。突帯文土器，土偶2点，炭化物。
22	常　　　衛	近江八幡市西生来町	中　期	集石土坑・土坑・焼土痕を検出。
23	長命寺湖底	近江八幡市長命寺町	後・晩期	丸木舟，石棒。
24	水　茎　B	近江八幡市元水茎町	後・晩期	丸木舟2隻。
25	水　茎　C	近江八幡市元水茎町	後・晩期	旧水茎内湖に突出した砂州に立地。丸木舟5隻。
26	下　　　鈎	栗東町下鈎	前・中・後・晩期	貯蔵穴状土坑を伴う竪穴住居。関東・北陸地方の土器。石鏃，石斧，石匙，石錘，石皿，滑石製管玉，耳栓。

27	霊仙寺	栗東町 霊仙寺荒野	中・晩期	石鏃，石斧，石匙，石錘，磨石，石皿，独鈷石。
28	吉身西	守山市守山町	後期	竪穴住居，土坑，配石遺構，落ち込み，焼土坑を検出。石鏃，敲石，石棒，玉が出土。
29	下長	守山市古高町	中・晩期	石囲い炉をもつ竪穴住居，土坑，落ち込み状遺構。石鏃，磨石，サヌカイト剥片。
30	赤野井湾	守山市 赤野井町	早～晩期	早期の集石炉。東日本各地の土器。各種の石器，土器片垂，石剣，けつ状耳飾り。
31	粟津湖底	大津市 晴風1丁目	早～晩期	関東・北陸・東海系の土器を含む。各種の石器，骨角器，赤漆塗耳栓，竪櫛，貝輪，琥珀片，土偶，トチノキ。
32	蛍谷	大津市 石山寺1丁目	早～晩期	国府型ナイフ形石器，石匙，石錘，有溝石器，サイドスクレイパー。
33	石山	大津市 石山寺3丁目	早期	貝塚，石組炉，埋葬人骨5体。骨鏃や鹿角斧，土器片垂，各種石器が出土。深海性貝を用いた装飾品・骨角製垂飾品。
34	穴太	大津市穴太町 1丁目ほか	後・晩期	竪穴住居，貯蔵穴，配石遺構，集石遺構。打製石斧，石錘，磨石，凹石，石皿，石棒。
35	滋賀里	大津市 見世1丁目ほか	晩期	滋賀里式土器。土坑墓・甕棺墓が約130基。セタシジミの貝塚。石器，骨角器，玉類，獣骨，種実。木製品や未製品・原材。
36	上開田	マキノ町 上開田	中・後期	土器・石器が出土。
37	仏性寺	マキノ町蛭口	後期	黒灰色粘土層から土器（関東系土器など），石器，分銅型土偶。
38	北仰西海道	今津町北仰	後・晩期	土器棺墓とほぼ同数の土坑墓が検出。翡翠管玉，石棒が出土。北陸系土器。

※この一覧表は、瀬口眞司・小島孝修の作成した表（文献95）を参考に、内田和典が構成し、植田が補正したものである。

幕前独言

縄文の宝庫、近江

「おうみ」

ひらがなで書くと、いっそうその豊かさが醸《かも》し出され、耳にはまろやかな感触が残るこの言葉を、私たちはいったいどれほど目にし、聞いてきただろう。

「近江……近つ淡海《あわうみ》」

今も湖岸集落にすむ人々は、この湖を何の疑いもなく「うみ」とよぶ。淡水をたたえた茫洋たる「うみ」として、都（京都）からの距離を基準にした言葉である。静岡県の浜名湖が「遠つ淡海」とよばれるのは、「近つ淡海」琵琶湖の対語としてつくられた言葉なのだと実感できる。

字づら、語感ともにすぐれた古代名のふるさとをもつ私たちは、今もそうであるように琵琶湖と周囲の山々に養われ、いやし続けられてきた。湖を望めばのびやかな空間の向こうに、青い山はたえずなだらかな稜線を描いており、懐のみどり濃い水面とさざ波は来し方人間に無限の安らぎを与えてきたのである。

近江にいったい、いつごろから人間が住みはじめたのかは、はっきりわからない。後期旧石器時代のナイフ形石器が大津市蛍谷《ほたるだに》遺跡などから出土しているので、今から二万年前には先人の暮らしが始まっていたことはまちがいない。[1] 今のところこの石器が県内最古の人間の生産物である。しかし旧石器時代ではいまだ人間は定住生活せず、狩猟や自然の中の食べ物を求めて、移動生活していたといわれている。そして、西日本では縄文時代になっても定住生活していないとされ、ようやく定住し安定した生活を始めたのがコメ作りのはじまった弥生《やよい》時代（約二四〇〇年前）のことだと、つい最近まで考えられてきたのである。西日本の縄文時代についてのこの考えは、もともと近江より西には縄文遺跡が極端に少なく、「縄文文化は東に栄えた東日本中心の文化だ」という考え方が多かったために、できあがったのである。

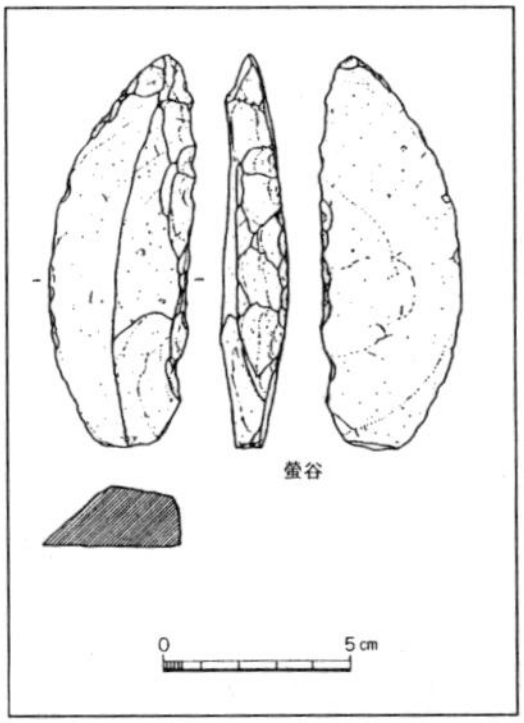

近江最古の人工物（ナイフ形石器　文献1より）

しかしここ十数年の遺跡発掘調査で、近江でも次々とすばらしい縄文遺跡が発見されはじめた。たくさんの湖底遺跡の中でも、多くの情報をもたらした大津市粟津《あわづ》貝塚など低地の縄文遺跡は近江ならではのものだし、筆者の担当した能登川町正楽寺《しょうらくじ》遺跡や、甲良町小川原《こがわら》遺跡など東日本に負けない平野の遺跡も現れだした。いよいよ従来の「縄文文化東日本主体論」を、見直さねばならない時がきた。これは近江の地に暮らした、私たちの祖先縄文人のプライドを賭けた逆襲でもあり、新しい縄文文化観発見のための第一歩なのである。そのための手始めにまず近江の縄文遺跡に光をあて、さらに現在の生活の中に息づいている縄文文化を見つけて、その豊かさを読者のみなさんと一緒に体感したい。

ちょこっと縄文学

なぜ「縄文時代」というかを、ここで簡単におさらいしよう。今から一二〇年余り前の一八七七年（明治一〇）、当時、東京帝国大学理科大学の教師だった生物学者エドワード・シルベスター・モースによって、日本ではじめて学術的な発掘調査が行われた。今の東京都大田区付近にある大森貝塚の調査である。そして、その二年後の一八七九年に書かれた英語の調査報告書のなかで、土器につけられていた文様を「cordmark（コードマーク）」とよんだのである。さらにこれを日本語に翻訳されて「縄紋」となり、その後「縄文」と表記する研究者もあらわれ、現在では「紋」ではなく「文」が使われていることが多く、学校の教科書も「縄文」となっている。この「縄文」のついた土器が使われた時代を、縄文時代とよんでいる。ただし東日本では次の弥生土器でも「縄文」がついているが、これは無視していただきたい。また縄文は「縄のような文様」がついているのではなく、「縄によって素焼きの焼き物に文様がつけられた」ことをさす。

ひと口に縄文土器といってもいろんな形や文様の土器があり、その違いをもとにこの時代は六つに分けられている。次頁の図にあるとおり、日本中の博物館や歴史の本ではこのようになっている。そしてそれらの土器と一緒に出土した貝殻や木材を、「放射性炭素による年代測定法」と言うやり方で調べることによって、縄文時代が今から約一万二千年前にはじまり、約二三〇〇年前まで一万年間続いたことが判明した。ただし、新たに発掘された資料の分析から今では、その始まりが約一万三千年前、終わりが二五〇〇年前ごろといわれている。

さて、縄文時代の特徴のまず第一は、日本ではじめて土器（素焼きの焼き物）を使いはじめた時代だということである。また、世界で一番最初にできた土器が、日本の縄文土器だともいわれてきた。なによりも土器を使うことによって食べ物調理の幅が出たし、食べられる種類も一気に増加したのである。

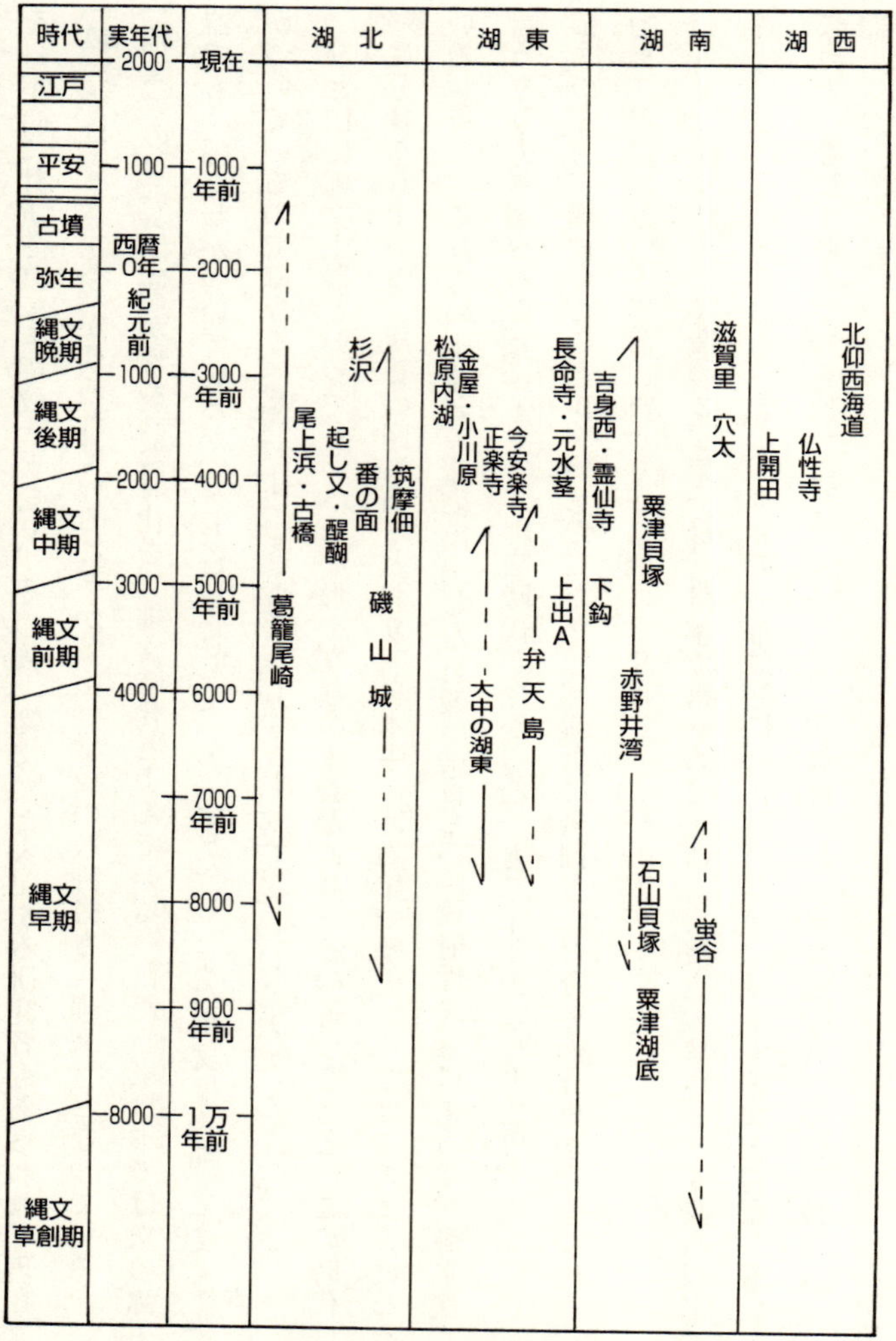
時代
実年代
湖北
湖東
湖南
湖西
2000
現在
江戸
平安
1000
1000年前
古墳
西暦0年
弥生
2000
紀元前
縄文晩期
1000
3000年前
縄文後期
2000
4000
縄文中期
3000
5000年前
縄文前期
4000
6000
7000年前
縄文早期
8000
9000年前
8000
1万年前
縄文草創期
尾上浜・古橋
葛籠尾崎
杉沢
起し又・醍醐
番の面
筑摩佃
磯山城
松原内湖
金屋・小川原
正楽寺
今安楽寺
大中の湖東
弁天島
長命寺・元水茎
上出A
吉身西・霊仙寺
下鈎
粟津貝塚
赤野井湾
石山貝塚
粟津湖底
滋賀里
穴太
蛍谷
上開田
仏性寺
北仰西海道
時代の長さと主な縄文遺跡

一般に、リスやクマなど森林動物の多くはドングリを栄養源にしているといわれる。ドングリ類はデンプン質でできていて、ナラ・カシ・クルミ・クリなど種類も多く、実のなる量が多い植物である。しかしクリ・クルミなど一部を除いて、ほとんどにタンニン（お茶の渋味）などのアクが含まれていることから、人間が食すには手を加える必要があった。それが縄文土器の加熱による、ドングリなど堅果類のアク抜き加工である。野生食糧には他にも、熱や灰汁でさらすことによって苦みや渋味などの毒分を取り除けるものが、たくさんあった。すなわちこの時代はまず、「縄文土器の使用によって、ドングリなどの野生植物を食糧化できた時代」といえる。[2]

また逆に、縄文時代の終わりは、日本列島に大陸から稲作が伝わりコメを食べ始めた稲作農耕の開始と判定される。稲作はたんにコメの食べはじめというだけでなく、たくさんの変化をよび起こして人間生活を大きく様変わりさせ、ムラや社会のしくみまで変革し、これを弥生時代とよんでいる。

縄文時代の特徴の第二は、「石器時代」ということである。各時代の発展度合いをはかる物差しとしては、どんな材料からできた道具を使っていたか、ということがある。世界の歴史では石《せっ》器《き》時代→青銅器《せいどうき》時代→鉄器《てっき》時代という順番になり、やじりや石皿など石の道具を豊富に使う縄文時代は、石器時代に属する。しかし最近の発掘では、富山県桜町《さくらまち》遺跡などで木や植物の製品がたくさん見つかり、木で作られた道具（木器）もよく使われていたことがわかりはじめた。ちなみにこの分け方では、二十一世紀になろうとする現在もまだ立派な鉄器時代で、二千年前の弥生時代と同じといえよう。

ここで、縄文時代の第一の特徴であるドングリなど野生植物の食糧化について、少し詳しくお話ししよう。表は、縄文遺跡からよく出土する食糧の熱量（エネルギー）を比較したものである。一〇〇グラムあたりの熱量でも、皮などを除いたあとの可食部分だけの熱量でも、ドングリ類が圧倒的に高いことがわかるだろう。ドングリ類は、まさに高カロリー自然食品だったのである。日本

食料の種類		可食部分（g）	食料の100g当たり熱量（キロカロリー）	可食部分の熱量（キロカロリー）
根茎類	ユリ根	850	128	1,088
	ヤマノイモ	850	120	1,020
	クズ（デンプン）	50	336	168
	カタクリ（デンプン）	200	350	700
堅果類	カヤ	700	612	4,284
	オニグルミ	250	672	1,680
	クリ	700	180	1,260
	トチ	650	374	2,431
魚　類	カツオ	650	137	890.5
	サケ	600	141	846
	マダイ	450	101	454.5
	スズキ	550	115	632.5
貝　類	アサリ	150	63	94.5
	カキ	250	96	240
	ハマグリ	250	64	160
	シジミ	130	103	133.9
鳥獣類（肉）	イノシシ	530	147	779.1
	シカ	570	112	638.4
	シカ	570	112	638.4
	マガモ	650	126	819
	キジ	500	132	660

縄文時代の主要食料のカロリー比較表（佐々木高明『日本史誕生』集英社1991年より）

中の野山には一部を除き、ほぼなにがしかのドングリの木が生えている。自然の植物は気候に左右され現在の野山の状態は、縄文時代前期（約6千年前）の温暖化以後、後期で安定期にはいり今日まであまり大きく変わっていないという。日本列島全体の木の種類を見ると、大きく二種類に分かれる。中部から北東日本は、クヌギやカシワ・コナラなど秋に紅葉して落ちる「落葉広葉樹」が多く、南西日本では、カシやシイなど年中葉が緑の「常緑広葉樹＝照葉樹」が多い。そして近江は、この二種類のドングリ類分布がぶつかるところにあたる。湖北地方の山岳では落葉樹が、湖東から湖南にかけては常緑樹が多いので多種類のドングリが実り、縄文のくらしにはうってつけのところなのである。またドングリ類にはたくさんの種類があるが、アク抜きの方法もさまざまである。そのやり方を研究した名古屋大学の渡辺誠氏は、わかりやすい表を作成された[3]。基本的には、灰汁で煮ることと水でさらすことでアクは抜けるのだが、筆者も落葉樹のナラガシワをアク抜き実験してみたので、写真でご覧いただきたい。

さてここまでの話で、少しは縄文時代の暮らし方がわかっていただけたと思うが、いまの私たちの生活とくらべて縄文人には物量には表れない精神性の豊かさがあり、現在を生きるわたしたちの対極にあるといってよい。縄文時代第三番目の特徴は、「自然界に包まれた心豊かな時代」といえよう。

民俗分類	属		種（出土例）	民俗調査例のあるもの	森林帯	他の堅果類
A．クヌギ類 アク抜き伝承の途絶えたもの	コナラ亜属	コナラ属			落葉広葉樹林帯（東北日本）	クルミ クリ トチノキ
B．ナラ類 水さらし＋加熱処理			ミズナラ コナラ	ミズナラ コナラ		
C．カシ類 水さらしのみ	アカガシ亜属		アカガシ アラカシ	アラカシ・シラカシ・ウラジロガシ・オキナワウラジロガシ	照葉樹林帯（西南日本）	
D．シイ類 アク抜き不用			イチイガシ	同　左		
	シイノキ属		ツブラジイ・スダジイ	同　左		
	マテバシイ属		マテバシイ	同　左		

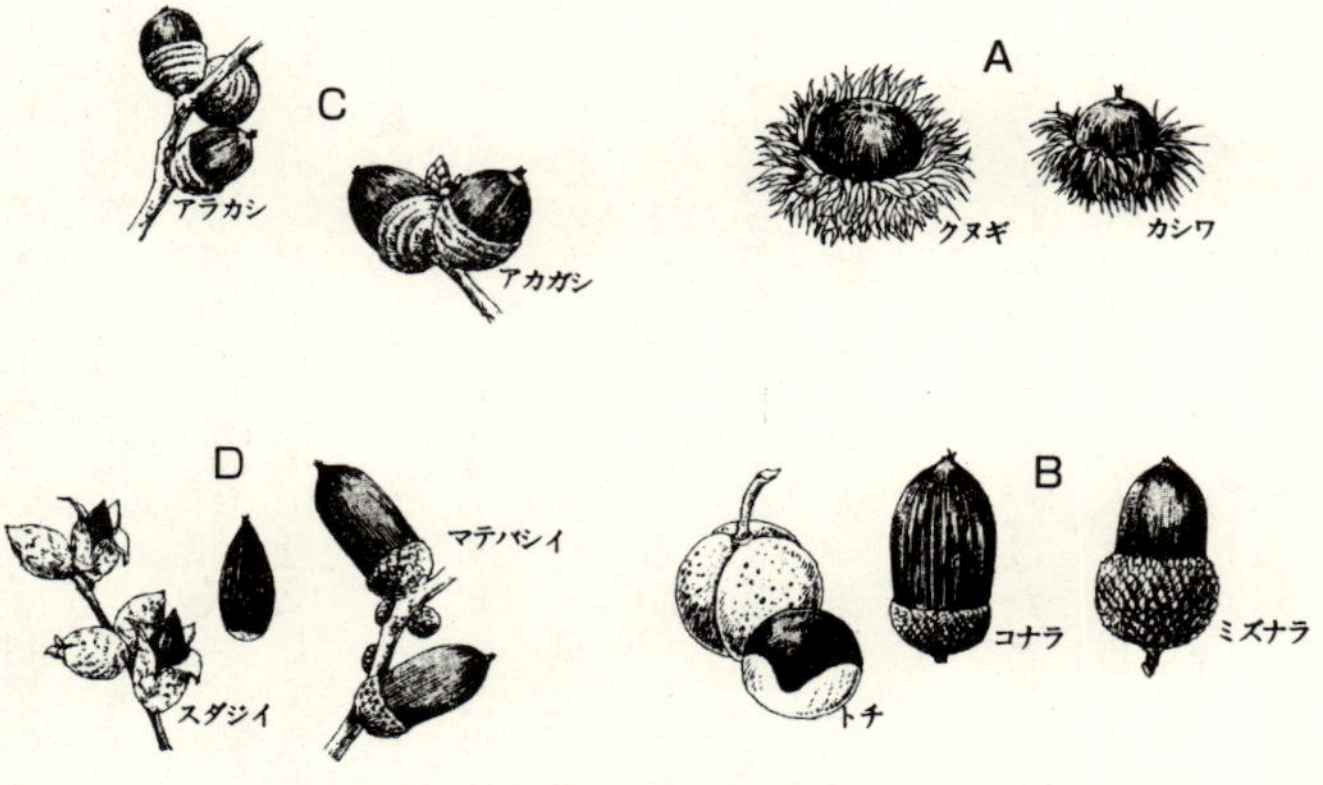

ドングリの種類とアク抜き方法（文献3　渡辺誠氏案より、
絵は文献97より一部改変）

1 ナラガシワ

2 水浸け一昼夜　浮いたのは捨てる

3 天日乾燥の後皮をむく

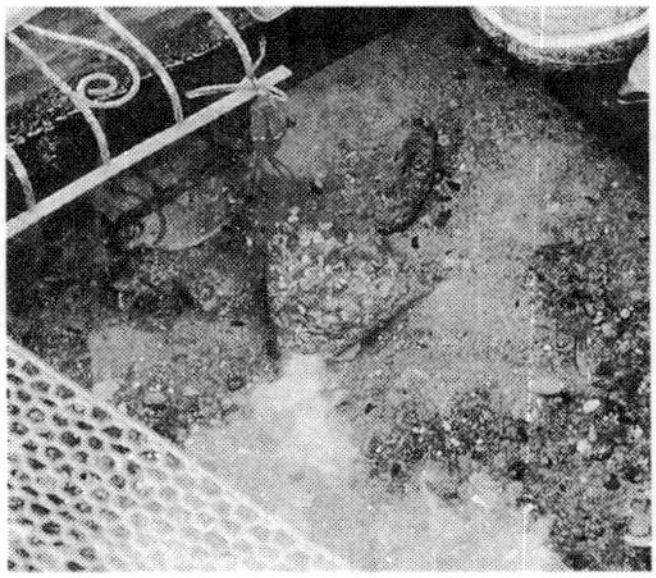

4 湧水でさらす（3日）

5 灰汁で煮る（10時間）

6 アク抜き完了

ナラガシワのアク抜き

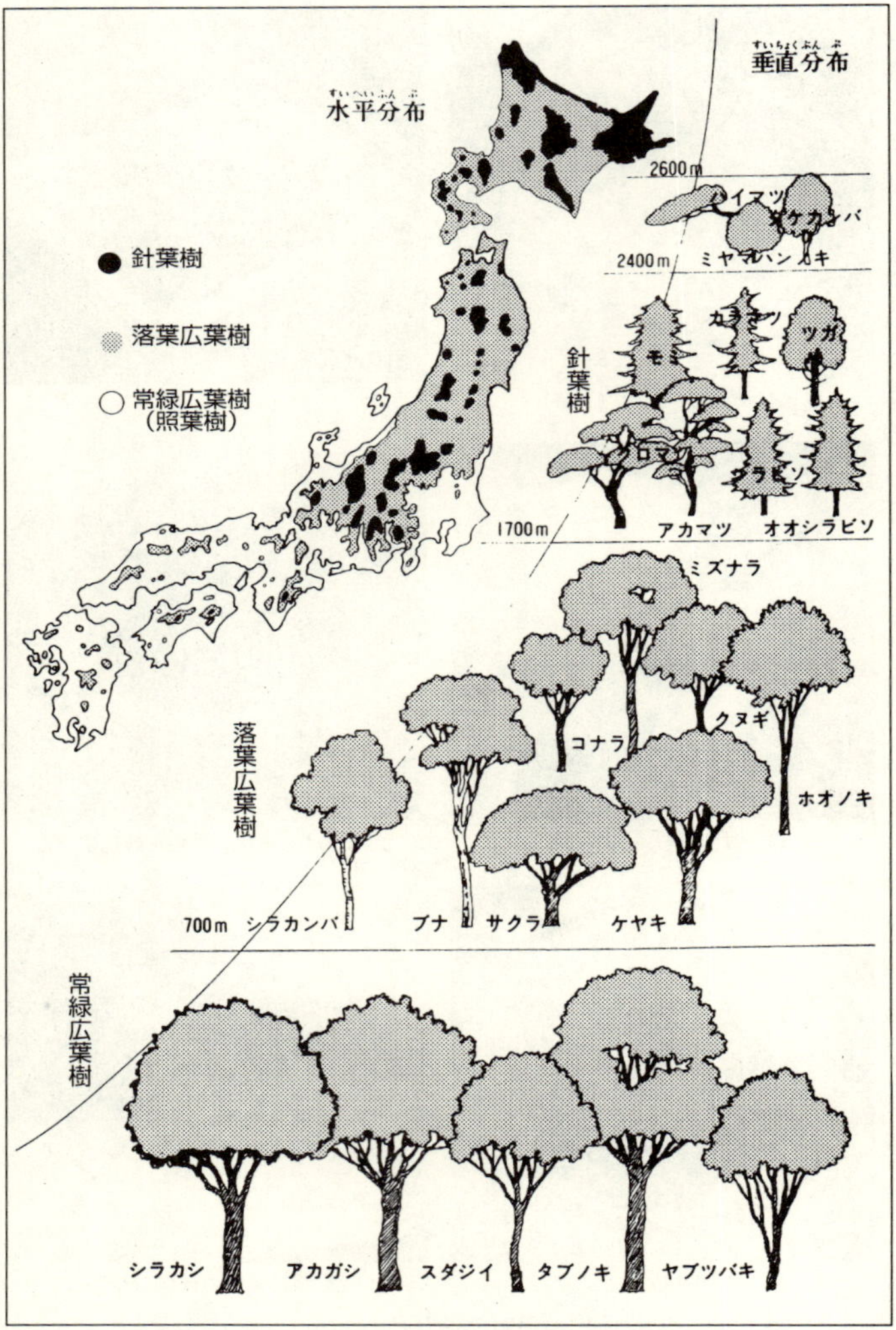

日本の森林（文献97　松岡達英氏案より）

COLUMN 1

やさしい考古学本の見方

考古学の本は、一般的に難しいものが多い。その理由は言葉の一つひとつが、専門用語で飾られているからである。考古学本には専門家だけが見る「調査報告書」と、本書のような「一般書」がある。調査報告書は普通図書館の郷土コーナーにおいてあるので、これを見るコツを二・三伝授しよう。まず本をパラパラめくってみて、文が少ない反面、やたら折り込んだ図面が多い場合は、それ以上みる価値はない。長い土層図ばかりがはさんであり、専門家が見ても何がなんだか分からないことが多い。逆に途中で絵や写真があって、ちょっと興味がもてたら次は、一番奥に「抄録《しょうろく》」という一枚がついているからこれを見よう。ここには書名・著者・発行所などの下に遺跡の名前・場所・内容が書いてある。ここに主な時代や出土物のメモがあるから、おもしろそうなら少し中を見よう。説明文は普通「遺構」と「遺物」にわかれていて、縮小した絵が付いてある。遺構は住居や墓など地面にあるもの、遺物は出土品のこと。説明文を読むのは疲れるので、まず絵から見よう。遺構は上から見た平面と、ＣＴスキャナで切るように断面が載せてある。遺物の場合、石器などは遺構と同じく上と横からの絵、土器は横から見た絵が載せてある。土器の絵には真ん中の線から左が外側の文様、右にはレントゲンで見透すような内側の文様が描いてあって、右端の線が太いのは土器の厚みの表現となっている。遺物の絵を見て、「珍しい」とか「美しい」とか興味が深まったら、そこではじめて説明文に移ろう。とばしとばし見て、内容を簡単に知りたかったら「考察」と「まとめ」を読もう。まとめがないものや、まとめを読んでもさっぱり分からない本は、やっぱり時間の無駄でした。最初に、まずこれの有無を確かめるのもコツ。そして「まとめ」にやたら、専門用語と漢字が多いのもパスしてしまおう。まとめはわかりやすく簡潔なものがよし。本書もなるべくやさしく書くので乞うご期待。

近江の地形と縄文遺跡のあるところ

近江は東を鈴鹿山脈に西を比良山系に囲まれ、真ん中に淡水湖としては世界でも最古級の琵琶湖をいだく盆地となっている。近江盆地全体の大きさは、南北約五〇キロメートル、東西約三〇キロメートルの楕円形で、琵琶湖はおよそこの西半分を、また東半分を湖東平野が占めている。[4]

東の美しい鈴鹿山脈は、おもに石灰岩・花崗岩・流紋岩などでできているが、これらは風化作用を受けやすいためにたくさんの砂礫となる。そして砂礫は、琵琶湖に注ぐ川によって長い年月をかけて下流へ運ばれ、湖のまわりに広い平野をつくる。湖東平野の主な川は、高時川・姉川・天野川・芹川・犬上川・愛知川・日野川・野洲川などで、湖西地域では石田川や安曇川の両側にやや大きな平野が開けている。西日本の縄文遺跡は、後の時代に田んぼの耕作などで削られやすい、これらの平野部に多く立地している。近江の縄文ムラもこのとおりであるが、湖と山々にはさまれているという地理的条件から、さらに独特の分布をみることができる。その地形の特徴で、おおまかに次の四つの立地パターンに分けられる。(5)

Ⅰ：今の湖水面（海抜では　八四・三七一メートル）より低いところ、八〇～八三メートルにある湖底遺跡。大津市粟津《あわづ》湖底遺跡（貝塚）・近江八幡市長命寺《ちょうめいじ》湖底遺跡など。

Ⅱ：湖岸や内湖、干拓地などの湿地で、海抜八二～八六メートルあたりにある。彦根市松原内《まつばらない》湖《こ》遺跡・米原町筑摩佃《ちくまつくだ》遺跡など、湖底遺跡に数えられる。

Ⅲ：川の広い堤防など、平野部にある。海抜九〇～一二〇メートルぐらい。能登川町正楽寺遺跡・甲良町小川原遺跡など。

Ⅳ：山や丘の上の狭いところにつくられる。伊吹町起《おこ》し又《また》遺跡、浅井町醍醐《だいご》遺跡など。

日本の縄文文化の先導役をはたしてきた東日本では、遺跡の多くが田んぼなど開発の少ない台地の上にあるために、今も畑や森の中に残っているケースが多い。一方、西日本では厚い土のはるか下に、今も眠ったままになっていることが多い。

　ところで琵琶湖をもつ近江では、大昔から湖と人間が強い結びつきを持ち続けてきた。湖岸近くに住むかどうかにかかわらず、湖と人との関係は強いものだった。そこで人と琵琶湖との関係を、これまで発見された湖岸近くの遺跡の標高から判別して各時代の水面の高さをみると、図のような水位変遷だったことが推定できる。縄文時代の早期ごろは今より四メートル以上も低く、前期にゆっくり上がりはじめ、中期後半から後期にかけて安定する。そして晩期に再び上昇したのち、晩期終わりから弥生時代前期にピークがあるのがわかる。貝塚が縄文時代早期から中期前半までの間にしか発見されないのは、水位との関係が大きい。これに対し、安定した平野の遺跡は中期末から晩期前半の

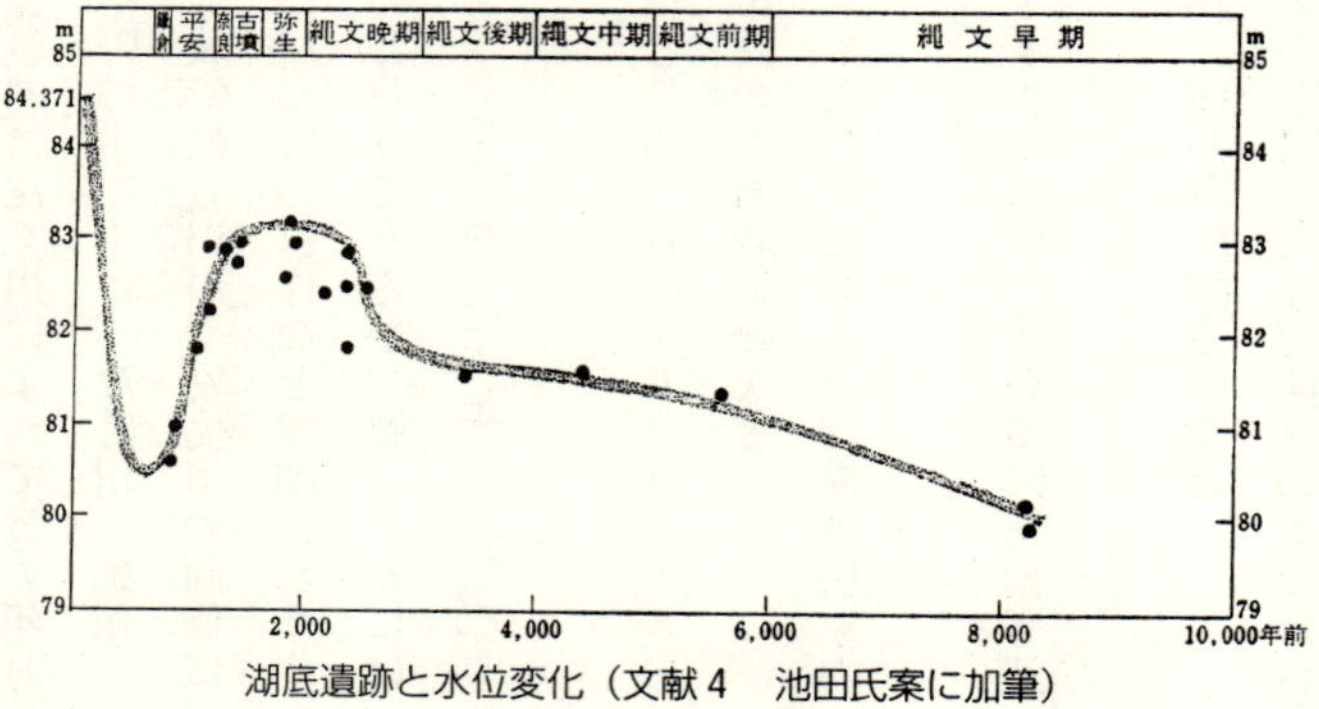

湖底遺跡と水位変化（文献4　池田氏案に加筆）

ものが多く、住居跡などいろんな遺構がみつかるところである。筆者の調査した正楽寺遺跡など、後の時代の遺跡と重なる縄文ムラの新発見は、これまで貧弱に思われてきた西日本の縄文文化が、じつは東日本と同じ土俵で勝負できることを証明したといえる。

では近江の縄文遺跡に親しむ代表的な遺跡として、縄文人の生活道具がひととおり出土した、能登川町種の正楽寺遺跡をのぞいてみよう。

第一幕◉

縄文ムラ出現

―西日本最大級の能登川町正楽寺《しょうらくじ》遺跡(6)―

1　三八〇〇年をこえて甦る、縄文世界

ときのざわめき

一九九四年一一月二〇日、日曜日。晩秋のぴんと張りつめた冷たい空気の中、ススキの穂先の上は抜けるような青空だった。現地説明会の日である。一七日木曜日のテレビ各社はもちろん、一八日金曜日の朝刊では全紙一面カラー写真で報道されたため、たくさんの人が訪れる予想があった。資料も千二百部ほど準備していた。

はたして開会一時間も前から、車でやってくる人、駅からぞろぞろ歩いてくる人、自転車やバイクの近所の人たちで、いつもは静かな田んぼがお祭りのように賑わいだした。そして開会時間には、資料を手にした見学者が遺跡の周りをぐるりと取り囲んだのである。見学者は最終的に千五百人をこえ、資料が渡らなかった希望者には後で郵送するほどだった。

なぜこの正楽寺遺跡がこれほど注目を集めたのか。それはひと口にいって、西日本では珍しく、

正楽寺遺跡航空写真（能登川町教育委員会）

現地説明会

縄文人の暮らしぶりやムラの様子がわかるさまざまな遺物が一度に多数出土したからである。これまで西日本では、貝塚や墓地など単純な遺構・遺物が出土することはあっても、住居も、ドングリの貯蔵穴や、墓や廃棄場など、人間生活の一通りのものが揃って出土したことはなかったのである。そこでまず、正楽寺遺跡では何が出土し、それでどういうことがわかったのかについてお話ししよう。

JR能登川駅から街中を抜けて東へ、徒歩約四〇分。神郷・種の集落をこえるとにわかに視界が開けてくる。愛知川河辺林が、薄い青の帯になって遠くを横切っている。その間の田んぼの中に正楽寺遺跡は眠っていた。このあたりは近江米で有名な穀倉地帯である。

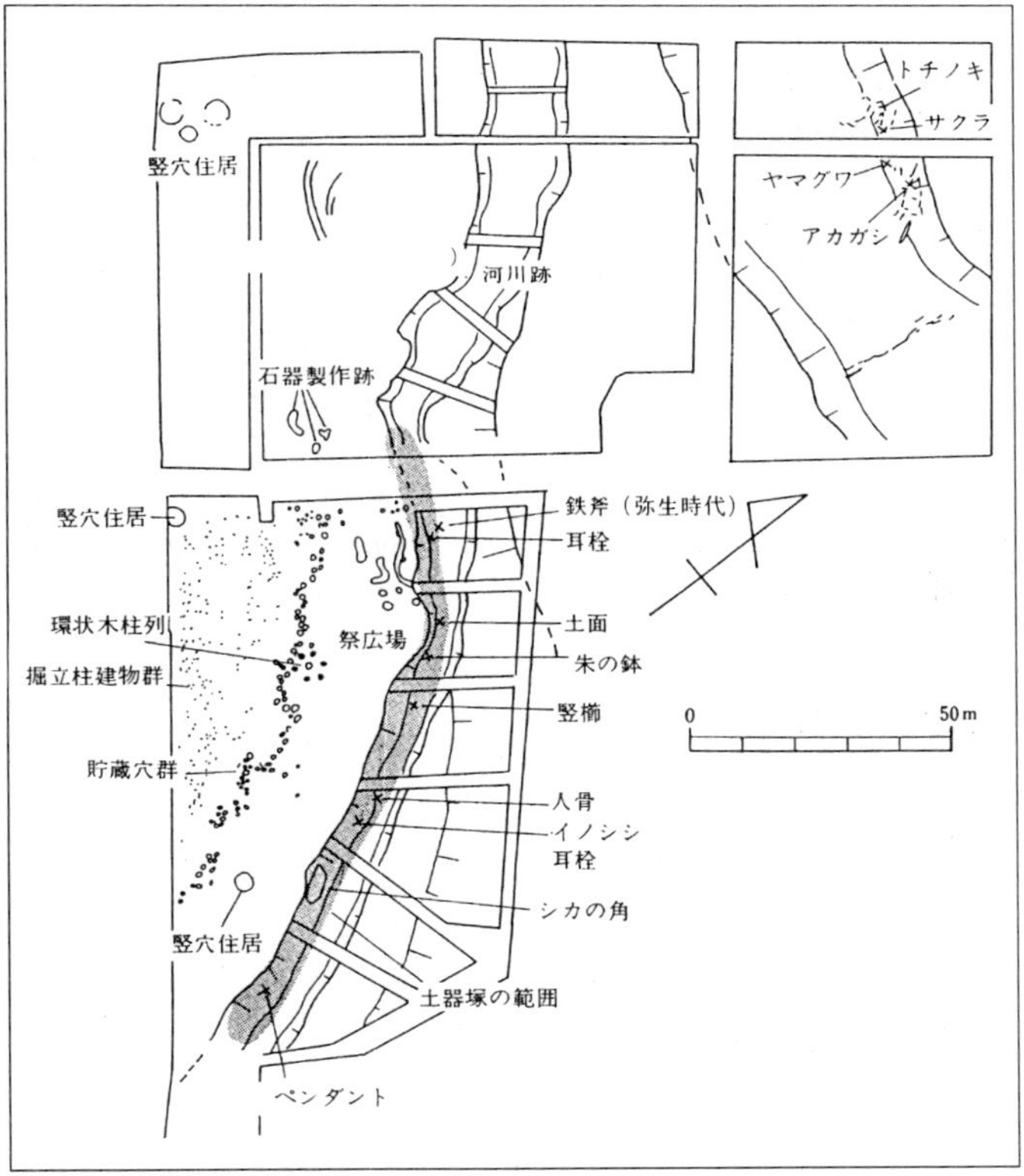
竪穴住居
河川跡
トチノキ
サクラ
ヤマグワ
アカガシ
石器製作跡
竪穴住居
鉄斧（弥生時代）
耳栓
環状木柱列
祭広場
土面
朱の鉢
掘立柱建物群
竪櫛
0
50m
貯蔵穴群
人骨
イノシシ
耳栓
シカの角
竪穴住居
土器塚の範囲
ペンダント

正楽寺遺跡の全体

琵琶湖から六キロメートル内陸部のこの田んぼ一帯で、以前から工場造成工事の計画が持ち上がっていた。造成工事の計画は一五ヘクタールにもおよぶ。まず一九九二年に試掘調査を行った結果、この西側の二・二ヘクタールに縄文時代の遺跡があるのが判明した。そして翌年、一九九三年四月から本調査を開始したのである。

この遺跡では住居跡が複数発見されたが、考古学ではこのような遺跡を「集落跡」と呼んでいる。しかし、これでは当時を想像することが難しいと思うので、この本では簡単にカタカナで「ムラ」と呼ぶことにする。カタカナにする訳は、漢字で「村」とすると現在もあると間違えられるからである。正楽寺遺跡（以下、正楽寺ムラ）では、いまの田んぼから五〇センチメートルほど掘り下げたところに埋もれていた。考古学では、遺跡で住居跡などの発見される地層を遺構面といい、正楽寺遺跡の遺構面の海抜高は約九六メートルほどである。これは現在の琵琶湖の平均湖水面高から、およそ一二メートル上である。地上によみがえった正楽寺ムラは、幅一五メートル以上もある当時の川に沿って帯状に広がっていた。中部高地や関東地方の縄文ムラは、広場を囲んで円形や半円形に造られることが多いが、ここでは異なりこの点もまた注目を集めた。

発見されたのは、竪穴住居《たてあなじゅうきょ》・倉庫などの掘立柱建物《ほったてばしらたてもの》・ドングリ貯蔵穴《ちょぞうけつ》群・石器製作場・広場と環状木柱列《かんじょうもくちゅうれつ》などで、川の中からは大量の縄文土器・土の仮面（土面）・耳飾り・飾り櫛《くし》などのほか、ていねいに葬られた屈葬人骨も出土した。このあたりは地下水位が高く、田んぼを一メートルも掘れば水が湧いてくる。土器などの出土物は田んぼからの深さ一～二メートルに埋もれていたから、一つ一つが真空パックされた状態で、つい最近に棄てられたと思えるほど美しく残されていたのである。そしてここに残された土器の形と文様から年代を判定して、およそ今から三八〇〇年前の縄文時代後期はじめ頃のムラの跡とわかったのである。

縄文人のすまい―竪穴式と掘立柱式―

人類はもともと、洞窟など天然の雨風よけの中で住んでいたが、はじめて外に出て自ら家をつくったのが、平地にテントのようなものをつくる平地住居や、地面を浅く掘り窪めた竪穴住居だといわれている。県内で一番古い住居跡では、大津市上田上牧《たなかみまき》遺跡の早期末（約六三〇〇年前）の浅い窪みが挙げられるが、形がゆがんでいて浅いことから、発掘した担当者は、竪穴住居とは断定できないという。そこで確実なのは安土町上出《かみで》A遺跡や、栗東町下鈎《しもまがり》遺跡の前期後半～末（約五三〇〇年前）のものが、最も古い住居といえる。

正楽寺ムラでは五棟の竪穴住居が出土した。このうち三棟は一カ所に重複してみつかり、二回の建て替えがあったようである。あとの二棟は七〇メートルずつ離れて発見された。竪穴住居の大きさは直径五メートルぐらいで、円形である。このうち二つの住居跡の当時の生活面（床面）には、直径五〇センチメートルほどの素掘りの炉《ろ》跡があり、握り拳ほどの石を、煮炊きする時の土器台にしていた。

縄文時代には掘立柱の建物もある。住むところを掘り窪めず、そのままの地面に四角形に複数の柱を立て、壁と屋根で囲ったもので、以前は弥生時代より後にしか造られないといわれてきた。しかし、東日本での発見例が増え、ついに近江でも発見された。ただし、普通の場合柱穴はバラバラに見つかるため、建物の大きさや形を判断するのは難しい。正楽寺ムラでも二〇〇個ほどの柱穴が発見できたが、正確な建物数はわからず、位置関係からようやく判明したのは一四棟であった。

さらにもう一つ縄文住居には、平地式のものがある。ただ、出土した柱穴だけでは掘立柱建物や竪穴住居との違いがわかりにくく、研究者の間でも決着はみていない。原始・古代の家について研究した徳島文理大学の石野博信氏は、もともと人間の住居は竪穴式・掘立柱式を含めた平地式か、高床式の二種類しかないといわれており、言葉の決め事さえも充分でない面があるようだ。

竪穴住居（能登川町教育委員会）

繩文の復元住居（岐阜県炉畑遺跡）

COLUMN 2

縄文ムラをのぞく

遺跡の発掘も終わりにさしかかると、一般のみなさんに見ていただくために現地説明会を行うのが普通である。正楽寺遺跡では縄文ムラがそっくりでたので、誰にでもわかるように当時のムラの想像画を描いて、説明会の資料の表紙にした。もちろんここの風景や、この遺跡で見つかったものばかりを題材にしたものである。ムラは幅広い川のそばにつくられている。川の向こうの平野には、ドングリの森が広がっていて、さらにずっと向こうの空の下には、群青の鈴鹿山脈が横たわっている。もちろんムラのまわりもドングリ林で、アクとりの不要なイチイガシが多く、なかにはクリやトチノキもまじっている。でも秋に落葉しない緑の濃い葉っぱの木がめだつ。秋の夕暮れ時、広場に六本の木柱が円形に立てられていて、中央にかがり火が焚かれ始めた。秋まつりだ。今年も、木の実やイノシシなど山の幸がいっぱいとれたので、神様へ感謝の祈りを捧げる。遠くの親戚や知り合いも、丸木舟に乗って川を渡ってやってきた。手みやげもたっぷり持っている。正楽寺ムラの住人は五家族三〇人なのに、今日ばかりはいつもの何倍もの人でにぎわっている。広場には、採ったばかりのドングリを一年分ためておく貯蔵穴がいっぱいある。そのまわりには乾燥場所の倉庫や、ふきおろしの家が思い思いに建っている。おとうさんたちは、今夜のごちそうのシカを捕まえてきた。おかあさんたちも、お客さんに出す食べ物づくりに忙しそうだ。客のみやげと交換する弓矢づくりは、器用なおじさんの仕事だ。器用なおばさんは土器を焼いている。こどもは思い思いに遊ぶが、暗がりの「かごめ」はちょっと怖い。おや？ まつりの火のそばにだれかいるぞ。ムラの長老さんだ。長老さんは土のお面をかぶり、神様になりはじめたぞ。まわりのみんなは木の実酒をのんで、大声ではやしたてる。夕日が神の岩山に沈み、ひとの輪がどんどん大きくなって、みんなの酔いが回ってきたら、まつりは最高潮だ！。

正楽寺遺跡復元想像画（文献6より　植田原画）

縄文冷蔵庫―ドングリ貯蔵穴―

はじめにみたとおり縄文時代の一番大きな特徴は、土器を使って野生植物を食糧化したことにある。特に大量に実をつける木の実は格好の食糧で、これをアク抜きしデンプン質をとり、また貯蔵することにより一年を通じ食糧の確保は容易になった。つまりドングリの食糧化と貯蔵は、日本列島の縄文人が起こした大革命だったのである。

さて正楽寺ムラでは、川から約二〇メートルの空き地（広場）を隔てた南西側に、総数一三〇基ものドングリ貯蔵穴が見つかった。これらの貯蔵穴はどれも円ないし楕円形で、たくさんの石が入っていて、表面に露出している状態だった。大きさは、直径一メートル前後で深さは五〇センチメートル、底の平らなものがほとんどである。普通、このように石がたくさんはいっている縄文時代の穴は、配石遺構《はいせきいこう》などとよばれるお墓だとされてしまうが、ここでは人骨や副葬品《ふくそうひん》は一切出土せず、逆にドングリ加工をする道具のすり石や石皿がたくさん出土したため、ドングリ貯蔵穴とわかったのである。

さらにこの穴の用途を決定する科学的な根拠として、穴の中の土を残存脂肪酸《しぼうさん》分析にかけた。動植物をつくる成分のうち、脂質のなかの脂肪酸という物質はそれぞれ自分の型をもっており、

貯蔵穴の磨石と石皿（能登川町教育委員会）

これを調べることで内容物が判定できるという方法である。つまり人間とイノシシの脂肪酸は違う。分析の結果、穴の土からは動物の脂肪酸がまったく発見されず、少なくとも人の墓ではないことがわかった。またここの貯蔵穴は砂質土壌につくられていたため、ドングリの皮などは残らなかったのである。いろんなものが真空パックされた川の中と異なり、地下水にふれない位置では植物は腐って残りにくいといわれている。普通、この土壌を酸化土壌とよんでいるが、平野のムラは酸化土壌にある場合が多い。ちなみに地下水の豊富な大津市穴太《あのう》遺跡では、後期末（約三二〇〇年前）ごろのドングリ貯蔵穴が発見されている。貯蔵穴は住居近くの谷川の中に掘られていて、底からイチイガシ・クルミ・トチの順番に層になって詰められ、上面を木の葉で覆ってあったという。

2　縄文人の生活道具

土器がざっくざっく

今の私たちの暮らしと同じで、四千年近く前の縄文時代にも、実にさまざまな土器が使われていた。今でいう鍋やフライパン、とっくりや土びんが縄文土器としてつくられていたのである。そこで正楽寺遺跡ではどんな土器が使われていたのかみてみよう。

深鉢《ふかばち》　主に、食べ物の煮炊きに使用された土器で、現在の鍋の役割をはたした。内面にはふきこぼれによる炭化物が、外面にはススが付着するものが多く、

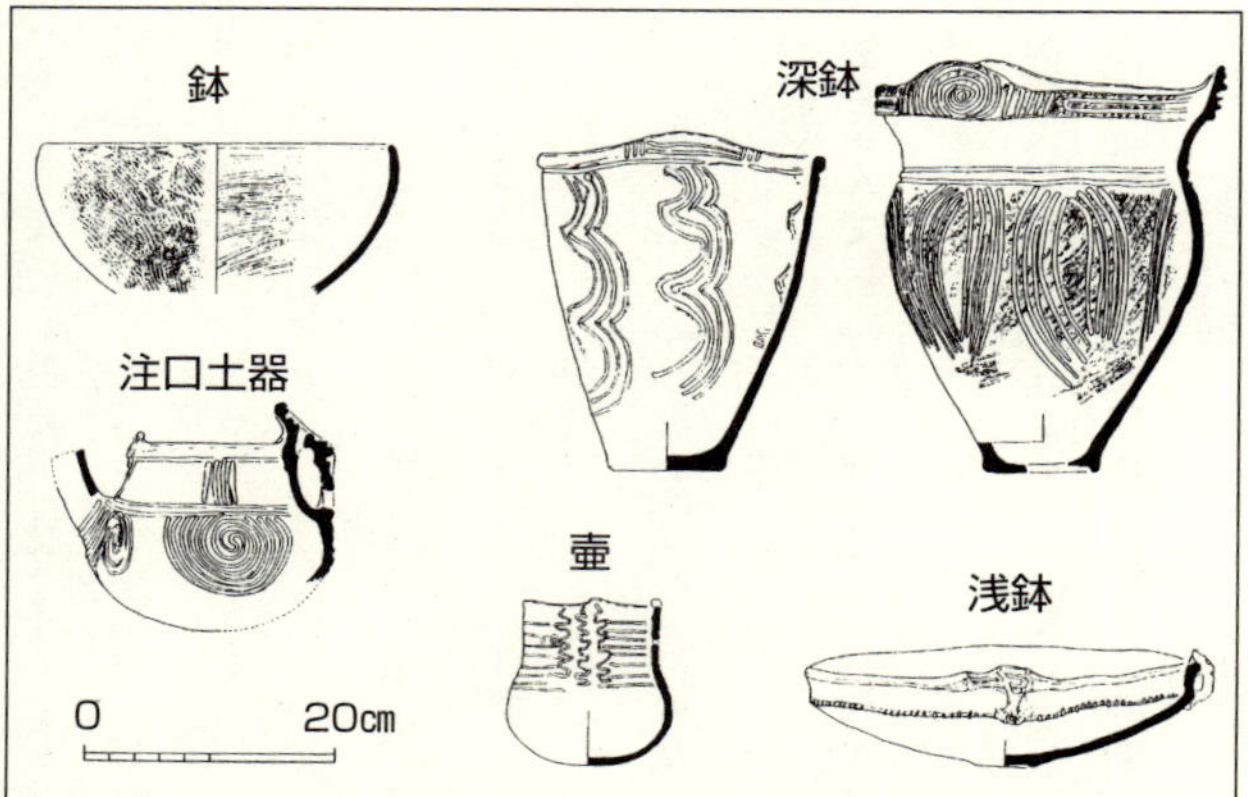

さまざまな縄文土器（正楽寺遺跡）

主にドングリのアク抜きに使用された土器である。深鉢にもいろんな形があって、胴体にくびれのないずん胴形のものは、デンプンの沈殿容器として使用していたといわれる。(7)

鉢《はち》　平たいお盆や皿のような形の土器。まれにススの付着したものがみられることから深鉢と同じく煮炊きにも使い、また混ぜたり練ったりする、現在のボウルのようなものである。縄文時代でも特に中期以降に急増することから、ドングリのアク抜き技術が広まったことによる調理器具と考えられている。

浅鉢《あさばち》　鉢と同じく平たい形であるが、鉢のようにくびれないかたちの土器。実際の用途は鉢と同じと思われるが、ススの付着したものがほとんどないことから、調理器具としてよりも食べ物を盛りつける皿の役割を果たしていたと想像される。

注口土器《ちゅうこうどき》　平たい球形の胴に、細い筒状の注ぎ口がつけられた、現在の土びんに似たもの。用途は不明であるが、液体容器であることはまちがいない。栄養価が高いといわれる動物の血液、または酒・樹液や煮汁などの液体を入れたことが想像できる。正楽寺ムラでは他の遺跡に比べて多い比率で出土しているが、一般的な縄文遺跡では少量しか出土しないことが多く、まつり専用の土器ともいわれる。

壺《つぼ》　胴に対し、首の締まった形態で、出土数は少ない。液体容器だと思われるが全体に占める割合は少なく、注口土器と同様、まつりの道具など特別に使われたと考えられる。

以上のような種類が正楽寺ムラの土器であるが、これらの土器には見ようによってたくさんの情報がつめられている。形や文様で時代がわかることはもちろんであるが、最近の研究ではどの地方で作られたものかまで、ある程度分かるようになってきている。

土器でわかる結婚相手?

正楽寺ムラで出土した縄文土器は、文様から判断してほとんどが、周辺地域で出土するのとほぼ同じものである。その中で、数は少ないが日頃の交流圏とはまったく異なった、とても遠い地方の特徴の土器が含まれていた。

東日本からみると（左頁の1、2）の土器は、福島県から新潟県の信濃川流域に出土する土器の特徴をもつ。口の部分にキザミ目をたくさん入れることと、(2)のように口の部分に四つの穴を並べてあけることなどである。(2)は穴を

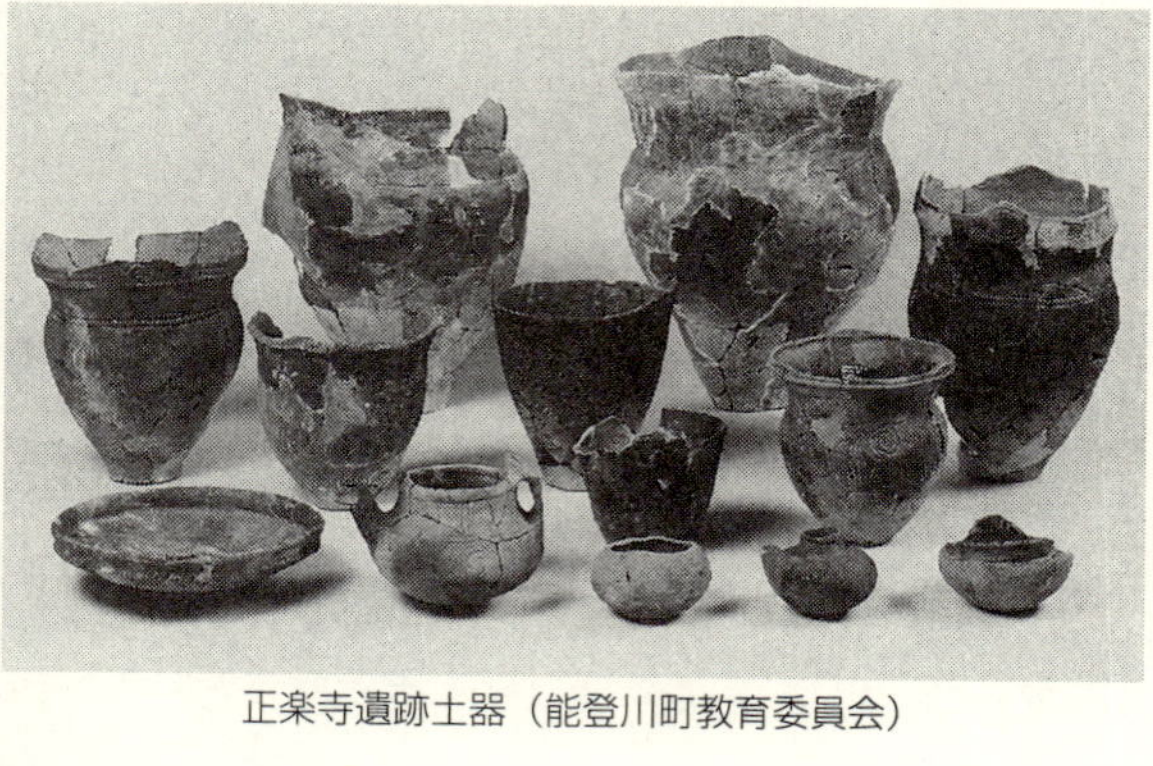

正楽寺遺跡土器（能登川町教育委員会）

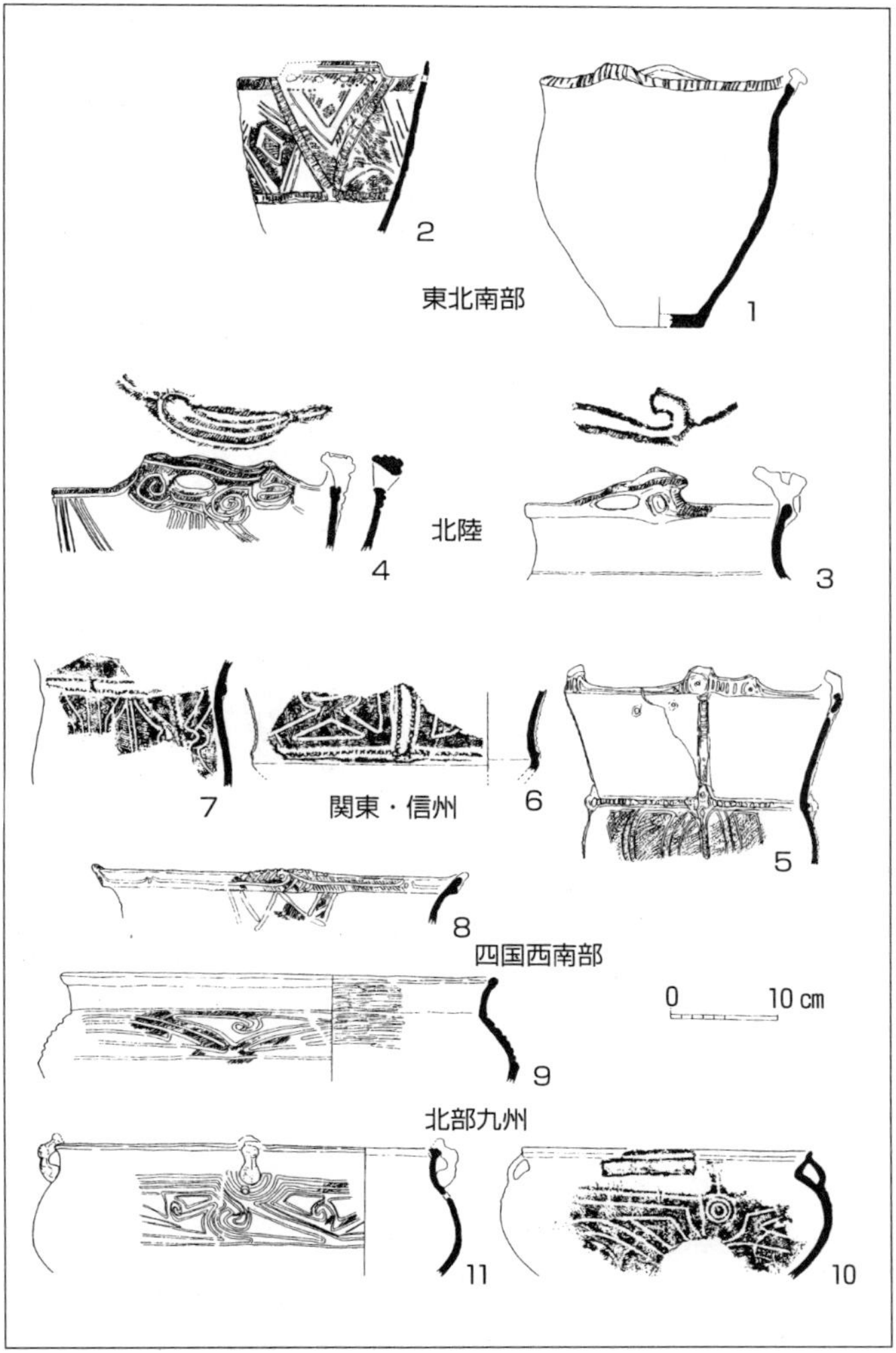

正楽寺遺跡の土器の流通（文献6より）

人の目鼻に見ることもでき、東日本に多い人面付土器と同系統の可能性もある。正楽寺ムラは東北南部との関係がありそうだ。(3、4)の土器は、北陸地方福井・石川県に多い土器である。口の部分が大きく盛り上がって穴があけられ、文様をつけるところが特徴的である。(5、6、7)は信州から関東地方中心の土器であるが、特に長野県の諏訪地方から甲府盆地付近の土器によく似ている。

次に西日本に目を向けよう。(8、9)は四国の西南部、現在の愛媛県付近に多く出土する土器である。口の部分と文様のつけかたに共通性があるが、さらに文様の上からベンガラなどの赤い顔料で着色するのが特徴である。特に、使われた粘土の色がチョコレートのようなこげ茶色で、角閃石《かくせんせき》という黒い砂粒をたくさん含み、明らかに近江以外の地域で作られた土器である。(10、11)は、福岡・大分県に多く出土する土器であることがわかる。全体の形や文様と、口の下に小さい把手がつけられる点が共通する。以上が日本各地の特徴をもった土器であるが、どれも筆者の独断で判定したことでなく、それぞれの地域の縄文専門家に見てもらい、わかったことなのだ。

ではいったいなぜ、日本各地の土器が正楽寺ムラで出土するのか。実はこのようなことが、後の弥生・古墳時代にもよくあって、従来からさまざまな理由がとりざたされている。まず一つには、中に何か特産物を入れて物々交換されたという考えである。たとえば近江のような内陸部では塩は手に入らない。だから、海辺のムラから土器に塩を入れて運ばれることもあるだろう。そのかわり内陸部からは、山でとれる産物などが運ばれていったのかもしれない。実際、古墳時代以後の日本では、塩が製塩土器に入ったままの状態で流通しており、江戸時代まで続いていたといわれている。

二つ目の理由は結婚である。原始・古代の婚姻関係がどのように結ばれていたかについては、遺跡の調査では想像の範囲を出ないのが普通である。ただ、縄文土器の作り手は、土器に付いている指や手の痕と、現在も世界各地に残る素焼き土器を作る村の民族調査から、主に女性だったことがわかっている。そして土器つくりの技術は母から娘、またその娘へと伝えられたものといわれている。だから他地方の作り方をされた土器は、女性の移動、つまり結婚によってもたらされたものというわけである。弥生時代の終わりごろの土器が、生産地と全く別の地域でよく出土することについて、大阪大学の都出比呂志氏はこのような解釈をしている。(8) この説を正楽寺ムラに当てはめると、東北から九州まで今の感覚でも大変遠い地方から、正楽寺ムラの男と結婚するために若い女性がやって来て、母から教わった方法で自分の出生地のものと同じ形・文様の土器を作った、ということである。徒歩が主な交通手段の時代、まさに海越え山越え、道なき道を気の遠くなるような時間をかけて女性がやってくることを想像すると、現在の遠距離恋愛もなんのそのという思いがするのだが。

COLUMN 3

土器でなぜ時代がわかるのか

　考古学では普通、「……時代」「○○年前」という遺跡の時代の判定を、出土物の特徴からする。なかでも世界中で行われているのが、土器による時代判定である。ではなぜそれが可能かというと、土器は形や作り方・文様が時代によって少しずつ異なるからである。その時どきのはやりすたりのようなものが土器にもあって、その違いから判定するのである。でも今ならその特徴を本で調べることができるが、一番始めに見つけた人はどうしたか。まだ調べる本がない頃、ここに形の違う四個の土器があったとしよう。四個の土器は、遺跡の土に絵のような順番に埋もれていたのがわかっている。これを土層というが、普通に埋もれた場合下は古く、上にいくほど新しくなるのはわかるだろう。しかし、たった一回では偶然かもしれない。大洪水とかで土層の状態が上下入れ替わるかもしれない。そこでこのような発掘の事例を地域ごと、たとえば県ごとくらいに何十回と積み重ねて、正確な順番を決めるのである。また同様にこのやり方で、石器や木製品などの新・旧もわかる。

　文字が用いられた時代（奈良時代以後）になると、土器や木簡（木板のメモ）に（○○年○月）と年号が書いてあることがあるから、それから「平安《へいあん》時代初め頃」とか「一○世紀中頃」ということがわかる。その土器に書いていなくても、ほかで出土した同じ形・文様の土器に書いてあればまず間違いない。ならば縄文・弥生など文字のない時代は、どうして判定するかというと、一つの方法は同じ層から出た木や貝のかけらを、科学分析するのである。一番使われてきたのは、放射線炭素量を調べるやり方「C14年代測定」だが、最近ではスギやヒノキなどの年輪の厚さから判定する「年輪年代測定」が盛んである。この方法では一年単位で伐採された絶対年が測定でき、今では木の種類によっては四千年以上もさかのぼれるという。考古学をする人たちの頭の中には、時代ごとの土器がカレンダーのように何百枚と刷り込まれているのである。

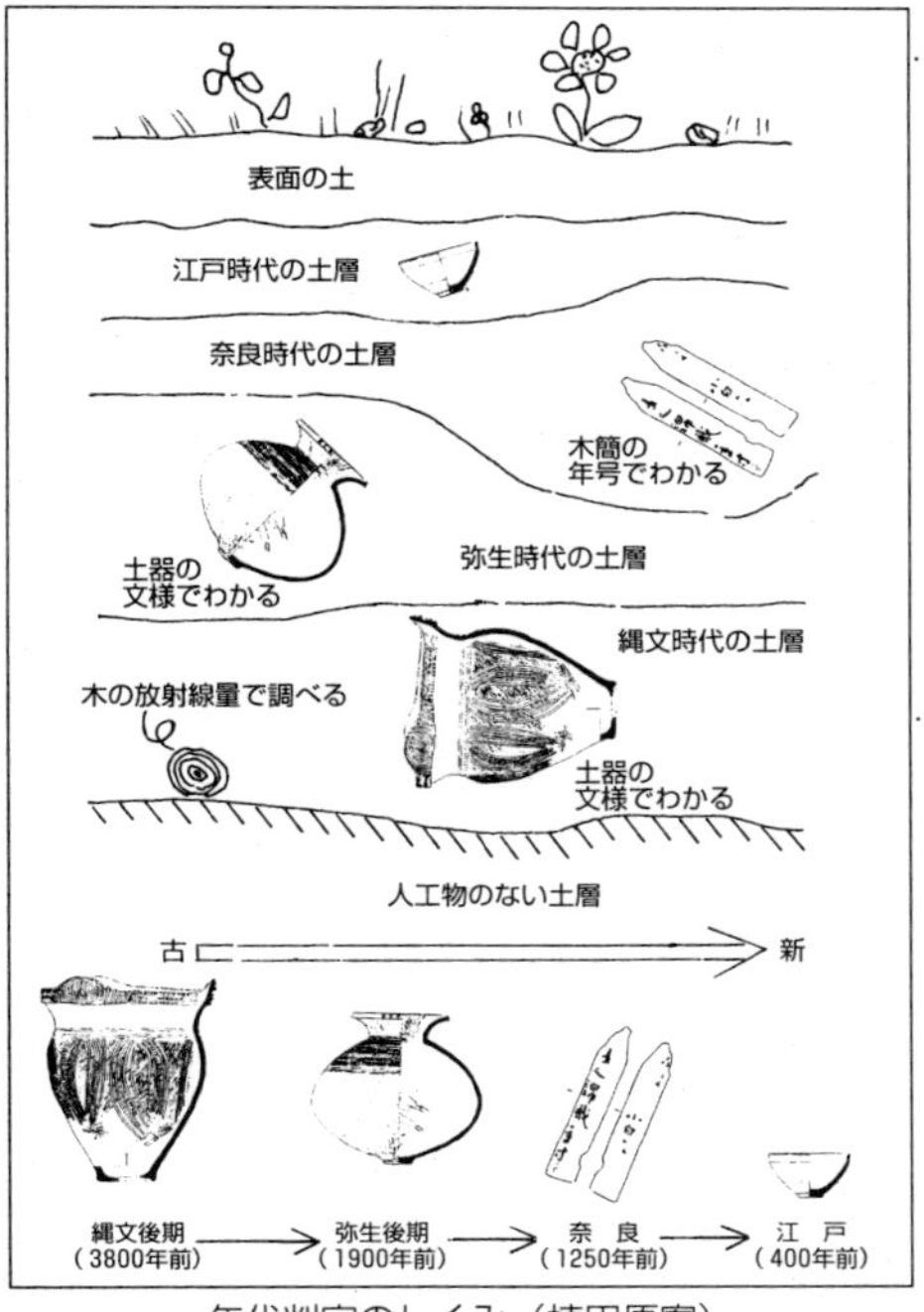

年代判定のしくみ（植田原案）

石使いの名人たち

前にも記したが、縄文時代は金属の道具がまだなく、道具はすべて石を使う石器時代である。近年、富山県小矢部《おやべ》市の桜町《さくらまち》遺跡などではたくさんの木の道具（木器）が出土し、縄文時代は木の文化であるといわれはじめているが、それら木の加工もすべて石器で行っていた。

さて日本中の縄文遺跡から出土する石器は、人間との関わり方の違いから大きく二種類に分けて研究されている。やじりや石おのなどの日常道具を「第一の道具」とよぶのに対し、祈り・まつりなど人間の精神文化に関係する石器を「第二の道具」とよんでいる。

第一の道具では石やじり（石鏃《せきぞく》）などの狩猟具や、石おの（石斧《せきふ》）などの工具、石皿などの植物加工具に分けられるが、立地場所や時期によっても組み合わせに大きな違いが見られる。正楽寺遺跡をはじめ、近江でたくさん発見される後期のムラでは、主に石皿やすり石などの植物加工具が多い(9)。

では正楽寺遺跡では、どんな石器がどれくらい出土したかを具体的にみよう。

狩猟《しゅりょう》・漁労具《ぎょろう》　動物性タンパク質を得るための道具である。石やじり（石鏃）は全部で四一点出土している。なかごのついている有茎式《ゆうけい》は二点で、ほか三九点はなかごのない無茎式である。

さまざまな石器と使い方（文献96　関根秀樹氏原案を一部改変）

中には五角形をしたものもあって、これは特別なやじりである。正楽寺ムラでは、石器製作場跡といえる場所が三カ所発見されたが、そこでは、原料となる多量のサヌカイト（安山岩の一種）くずと一緒に、一六点のやじりが見つかった。なおやじりの材料となる石は、ほとんど奈良・大阪境の二上山《にじょうざん》でとれたサヌカイトを用いたと思われる。

切目石錘《きりめせきすい》は、小石の両端に細い溝状の切目を入れたもので、刺し網のおもりに使われた石器である。

根栽類採取具　打製石斧《だせいせきふ》は、イモ・球根などデンプンを多く含む植物の根を掘りとる、スコップのような土掘り道具で、八点出土している。中部や関東地方では前期から使用されはじめ中期に突然増加するが、西日本では後・晩期になって多くなる。ちなみに縄文研究の先学藤森栄一氏は、大型の打製石斧を焼畑など縄文農耕を裏づける重要な石器に位置づけたが、[10] いまでは野生のイモ類などの掘り道具という考えが定着している。

植物加工具　縄文人の主食、ドングリや球根などの植物食糧をすったり潰したりする道具に、自然の丸い石を使ったすり石（磨石）や石皿、たたき石（敲石）などとよばれる道具がある。すり石は一〇七点出土していて、ほぼすべてにすりあとが残っている。素材のほとんどは鈴鹿山脈で産出する花崗岩などで、九点だけ砂岩がまじっている。また、近江ではとれない玄武岩を使用したものが二点ある。玄武岩は近いところでも、京都府丹後の由良川流域にしかとれない。たたき石は六三点出土していて、棒状で石器づくりのハンマーに使われたものと、丸い石の片面ないし両面にツブレ跡をもち、クルミなどの皮割道具に使われたものがある。石材はすり石と同じく湖東流紋岩《りゅうもんがん》が最も多く、すべて近くの愛知川河原で拾えるものである。石皿は全部で一〇七点出土している。河原石をそのまま使うものと、岩の特徴で板状にはがれた破片を使うものがある。板状の石皿は、繖山《きぬがさ》・荒神山など湖東にある山のがけによく顔をのぞかせており、適当な大きさの板石を選んで利用したようである。正楽寺ムラではこれら植物食料加工石器がいちばん多く、当時の食料が主にドングリやイモ類だったことを証明した重要な石器である。

そのほかの石器　樹木の伐採・切断・加工に使用される石おの（磨製石斧《ませいせきふ》）は、硬い石を材料にして、木にくい込むように丁寧に刃先を研いである。表面はぴかぴかに磨かれたものが多く、一見して宝石のような美しさだ。正楽寺ムラでは破片も含めて一九点出土した。石おのは折れたものが多く、使い込まれた後に折れて捨てられたのだろう。また大きさもさまざまで、木の大きさや加工の段階、目的によって使い分けていたようである。ほかには穴をあけるための石錐《いしきり》、動物の皮はぎや肉の調理に使うナイフ（石匙《せきひ》）などがあるが、これらはすべてサヌカイトでできている。

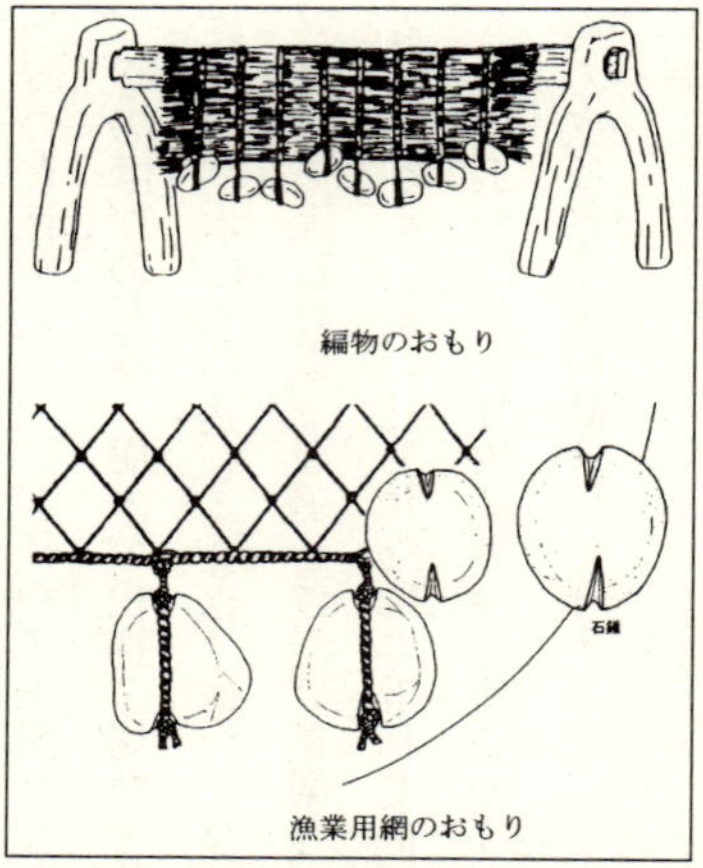

石おもりの使用例（文献60より）

石おもりの大きいもの（打欠石錘《うちかきせきすい》）は、両端を打ち欠いてここに細縄・紐などを巻き付け、シナ布などアンギン（編布）を編む、縄のおもりとして使われたもので、四四点出土している。この石器は重さによって対応する製品が異なり、ここでは一〇〇～二五〇グラムのものが多く、背負いカゴ・コモ類などを編む重さである。[11]

おしゃれが大好き

いま、街を歩く人の装いは実に華やかで、その年によって流行の色・文様・形などがめまぐるしく変化している。耳に穴をあけて針状の貴金属を通す「ピアス」も、いまでは年齢男女を問わず多くの人が楽しんでいる。おしゃれの基本は、自分を飾って存在感をアピールすることにある。縄文人もまたおしゃれに熱心で、正楽寺ムラでも様々なアクセサリーが出土している。

ペンダント（垂飾《すいしょく》）　ペンダントは、こわれた土器のかけらに混じって川の縁から出土した。黒い土の中から顔をのぞかせたそれは、しぶい濃緑色のネフライトという石でできており、一二・

八×二・九センチメートル、厚さ〇・四センチメートル、形は逆台形である。上の方に二つの通し穴があけられ、紐を通してぶら下げられるように作ってある。元々は逆三角形で先（下）を尖らせてあったものが、先が折れたためにそこを磨き直して逆台形にしたようである。これとそっくりな形のペンダントに、東北地方の海岸部の貝塚で出土するサメの歯に穴をあけたものがあり、それを石で模造したものと思われる。ネフライトという石は別名軟玉《なんぎょく》ともよばれ、富山県と新潟県の県境にある姫川（糸魚川市付近）にたくさん産出する。縄文時代から美しい宝石として珍重され、各地の遺跡で出土するヒスイ（硬玉《こうぎょく》）と同じ鉱脈でとれ、日本各地に流通している。最近の発掘調査では、北は北海道から南九州を越えて沖縄まで運ばれていることが判明している。そのコバルトブルーに近い絶妙の緑色が、あのきれいな野鳥、翡翠《ひすい》にたとえられて命名され、縄文の太古より日本人に最も好まれた宝石である。

ところで、このサメの歯形ペンダントは本来、東日本の海岸部でよく出土することから、海の漁を生業とする縄文ムラの男達が力の象徴として、またお守りとして身につけたものと想像できる。海での漁は、常に危険がともない命がけである。丸木舟しかない時代に、ひとたび間違えば海のもくず、サメのえじきである。海で一番おそれられた生き物はサメであり、運良くサメをしとめた者はムラ一番の勇者になったことだろう。撃ち捕らえたサメの歯を抜き取り自らの力の象徴として、また強いモノに宿るとされる神の依り代として、後生大切にされたに違いない。

耳飾り（耳栓《じせん》）　ひとの顔の部分のうち、耳を飾ることは世界中で共通するおしゃれである。また耳飾りは、世界中でも一番古いアクセサリーでもある。縄文時代には耳飾りが二種類あって、一つは早期末（六千年前）ごろから使われる、「けつ状耳飾り」とよばれるものである。これはヒスイなどの宝石を車輪の形に薄く磨いて切り込みを入れ、耳たぶにあけた穴にはめ込んで通す、一見してイヤリング形の耳飾りである。近江では守山市赤野井湾《あかのいわん》遺跡[12]、安土町上出《かみで》A遺跡[13]などで出土している。

もう一つは、タイヤのホイールのような形をした平たい円形のもので、「耳栓《じせん》」とよばれるものである。主に粘土でできていて、表面にベンガラや水銀朱などの赤色顔料を塗り、ピアスのように耳に差し込むのである。ただしピアスのように細い穴ではなく、少なくとも直径一センチメートル程度の穴はあける。また耳栓は、けつ状耳飾りと異なり、焼き物なので比較的簡単に作れ、一般的に中～後期に多い。正楽寺ムラでは、この耳栓が七点出土している。

このうちの一点は、出土したところがおもしろい。川の斜面

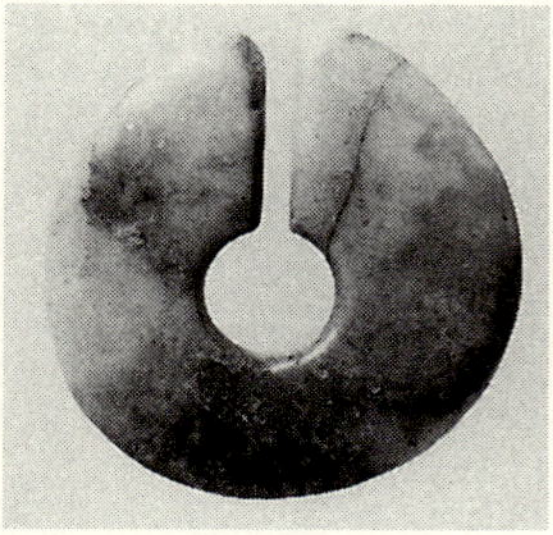

上出Ａ遺跡のけつ状耳飾り（滋賀県教育委員会）

底に葬られた屈葬人骨の、折り曲げられた足のすねあたりでみつかっている。この人骨は後で詳しく述べるが、専門家の鑑定で四〇歳くらいの男性だということである。もし人骨に付いていたのだとすると、男が耳飾りをつけていたことになる。古代において男性が、必要以上に身を着飾る事例は、王などの権力者か呪術《じゅじゅつ》師などがあり、そういえば考古学者インディ・ジョーンズ博士の活躍する映画で、悪役の呪術師に派手な耳飾りを見たことがあるように、特別な霊力をもった人間は、往々にして化粧したり耳飾りや首飾りなどのアクセサリーを着けている。また耳に穴をあけることは、一種の肉体改造でもある。つまり肉体に苦痛を与えることでシャーマンの霊的能力を高め、さらに見た目にも普通でない異質なものを、人々に感じさせることができる。正楽寺ムラの耳栓の大きさがさまざまなのも、修行の難易度の違いなのかもしれない。

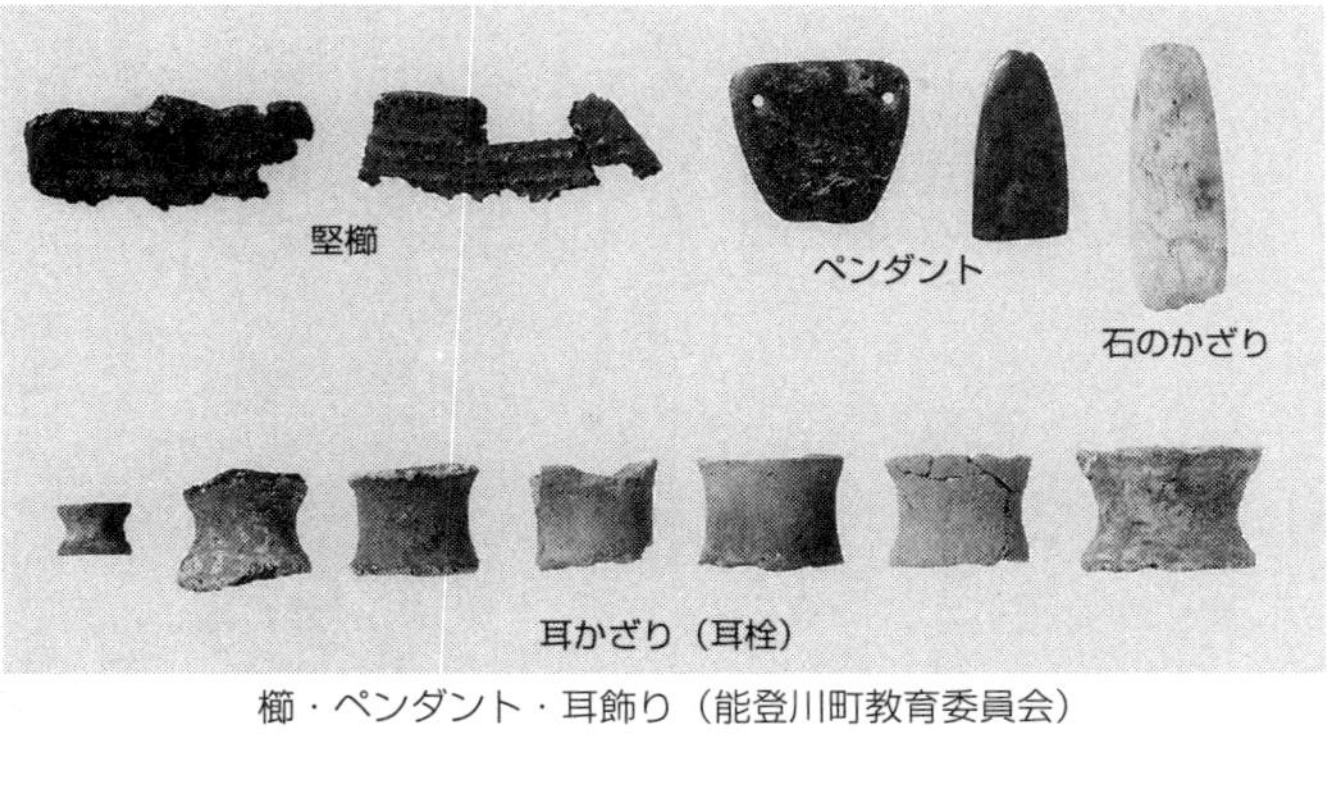

櫛・ペンダント・耳飾り（能登川町教育委員会）

飾り櫛（結歯竪櫛《けっしたてぐし》）　女性の長い髪を梳き、束ねる竪櫛は、二点出土している。いずれも堅い植物の枝を、細く削って束ねたものを歯とし、上から赤漆塗りで仕上げた結歯竪櫛である。両方とも土器に混じって川の中からみつかった。

櫛1は束ねた部分のみで、幅四・七センチメートル、縦一・八センチメートルで歯の部分は残っていないが、断面をよく見ると一六本の歯が結束されていたことがわかる。歯の断面形は長方形ないし楕円形で、束ねたところのとじ痕は六条確認できる。赤塗りの発色は深みのある紅色で、顔料は水銀朱である。

櫛2も上部のみで、やや扇形に開く面形をしている。残る部分の下端幅は四・七センチメートル、縦は一・七センチメートルで、断面観察とレントゲン写真から歯の数は二二本であることがわかる。とじ痕は五条以上確認できる。赤彩の発色は櫛1と違って目の醒めるような明るい朱色で、顔料は水銀朱とわかっている。同じ水銀朱でも色あいがかなり違うのは、下塗りの漆成分や水銀朱の精製純度の差があるのだろうか。

縄文時代に限らず古代の櫛やお椀など、赤や黒で彩られた製品は、まず漆で幾重にも下塗りをし、最後にベンガラや墨などの顔料を漆にとかした液を塗って仕上げとする。漆塗りの歴史に詳しい滋賀県文化財保護協会の中川正人氏は、下塗りの回数は縄文後期から弥生時代の製品がいちばん多く、技術的にも優れていたという。そして時代が新しくなるにつれて、下塗り回数が減って中世や江戸時代には粗悪品が多くなるらしい。つまり縄文・弥生時代では特別ていねいに作られた貴重品で数も少なく、漆塗り製品がたくさん出回る時代になると技術的に簡略化されるのである。

また、現在の櫛はほとんどが横長の横櫛であるが、日本古来の櫛はこのように縦長の竪櫛だったようだ。櫛が使われるのは縄文時代前期（約六千年前）ごろからで、西日本では大津市粟津貝塚の中期（約五千年前）のものが最古級の櫛である。[14] 全国的には縄文時代晩期の櫛が多く、正楽寺ムラのものは、今のところ西日本で二番目に古い櫛である。北海道・東北には鹿の角や鯨の骨を切り込んだ、刻み式の竪櫛もあるようだ。そして弥生時代になってもすべて竪櫛で、古墳時代になってようやく現在

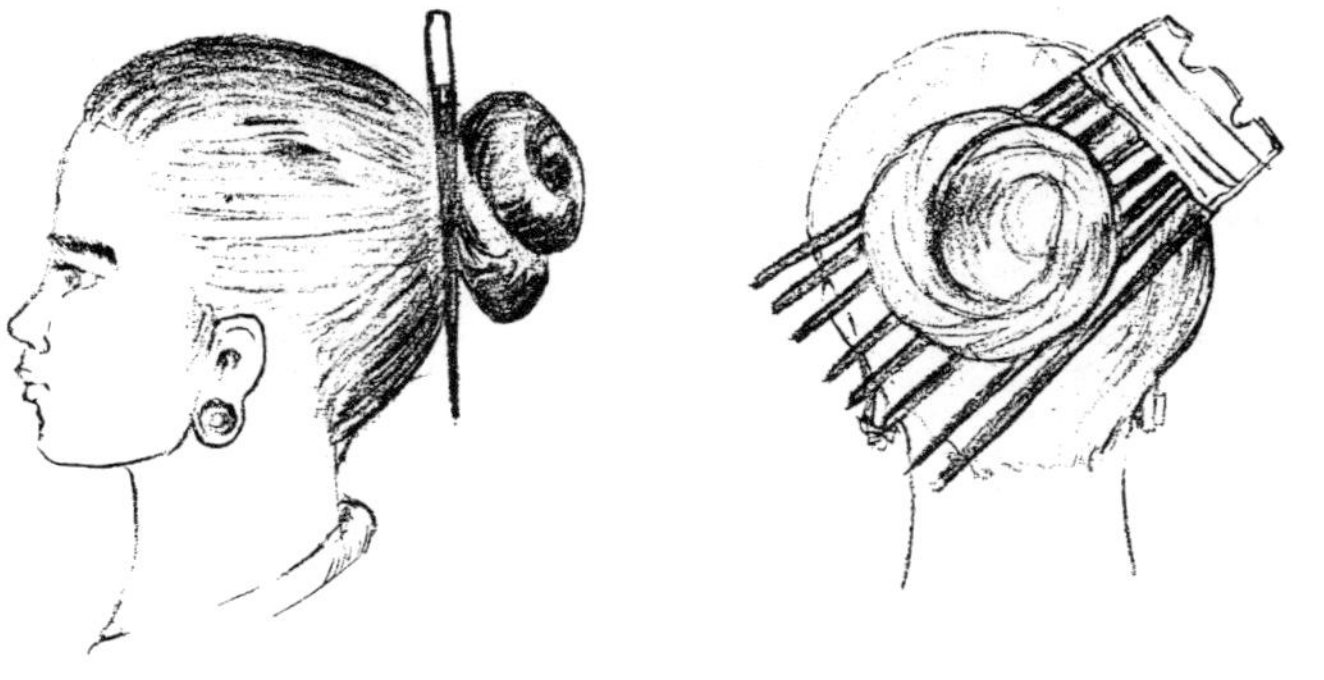

竪櫛をさす（「よみがえる縄文ファッション」秋田県立博物館図録より）

の形の横櫛が使われ始めるようである。横櫛の使われだすのは渡来文化の影響だと考えられ、奈良時代以後は横櫛が多くなる。[15] 竪櫛はもともと髪を梳くことよりも、結わえまとめて留める道具であり、飾りとして使われたものである。江戸時代の女性は、かんざし（こうがい）を島田結いに挿したが、ただ梳くだけの横櫛とちがって、美への探求が竪櫛には込められている。

3 縄文の神々

お祭り広場とトーテム・ポール

自然界の動・植物を糧として暮らしていた縄文人は、自然の恵みに感謝の気持ちを忘れなかった。科学万能の現在に生きる私たちでさえ、春や秋のお祭り（豊饒祭）には参加することがあり、また正月には日本人こぞって初もうでをして、神への祈りを捧げている。多くの自然災害に人間

環状木柱列（能登川町教育委員会）

は無力であるのを何度も経験したし、個々の生と死もまた自然界の輪の中にあることを知っている。神、この形のない、膨大な無限に拡張するエネルギーの仕業を今も昔も人間は畏れ、その恵み（慈悲）への感謝の深い念は、しばしば祭りとなって表れる。

縄文時代の祭りが実際にどのように行われていたかは、わからない点が多い。しかし正楽寺ムラからは、当時の祭りの様子を彷彿とさせるさまざまなものが見つかっている。中でも発見当時注目を集めたのは、祭りの広場と円形に並んで建てられた六本の木柱の跡である。これは環状木柱列《かんじょうもくちゅうれつ》とよばれ、柱が立ち並ぶだけの遺構である。柱は直径六メートルの円環状に並び、中央に赤く焼けこげた炉跡もみつかっている。柱穴全体の大きさは、直径〇・七〜一メートルの円形で、発見当時の深さは〇・五メートルだった。実際の柱は残っていなかったが、柱を抜いた穴から推察すると、直径三〇センチメートル前後の円柱であったと考えられる。いろんな条件から、当時の地面の高さが発見面より三〇センチメートルほど高いと思われるので、本来の柱穴の深さは〇・八メートルほどで、柱の高さは地面から三〜四メートルだったと想像がつく。そして木柱列の東約二・五メートルの位置には、門柱となる二つの穴も見つかっている。炉跡は直径一・二メートルの楕円形で、深さは五センチメートルである。中の土は強い火により赤色に変色しており、炭や灰なども混じっていた。この土の残存脂肪酸《ざんぞんしぼうさん》分析を行ったところ、一切の動物性脂質は検出されていない。

ところで、普通このような柱穴が遺跡で出土した場合、屋根も壁もある建物と考えられることが多い。しかし、ここで木柱列と判断したのは、次の理由による。
イ、柱穴の大きさや平面の形が別に発見されている掘立柱建物に比べて、極端に大きい。
ロ、炉跡は、別に発見されている竪穴住居のものに比べて三倍近くあり、食べ物を煮炊きする炉というよりも焚火の跡といえる大きさである。仮にこの大きさの焚き火を家の中ですると、立ちのぼる炎で屋根はたちまち燃え落ちる。
ハ、住居や建物・自然の川・屈葬人骨・たくさんの祭り道具など、ムラ全体からみたこの場所は特別で、祭りの施設と考えるのは自然である。
さて最近では、東北各地で相次いで木柱跡が見つかっているが、話題になった青森県の三内丸山《さんないまるやま》遺跡では四角く二列に並ぶ六本柱列は、屋根のないやぐらのような建物に復元された。このときも縄文時代の研究者の間で、さまざまな意見が噴出したようである。筆者は木柱列について、その上方にトーテムポールのような神々の姿が彫刻されていて、内側の空間では仮面の火祭りが行われていたと想像しているのだが……。

COLUMN 4

子どものお墓……埋甕《うめがめ》

縄文時代のお墓には、単純に分けて穴の中に遺体を直接葬った土坑墓《どこうぼ》（穴墓）と、大きな土器の中に葬った土器棺墓がある。土坑墓の上に石を並べたら配石墓《はいせきぼ》になるので、配石墓も一応穴墓としておく。土器棺はカメ棺ともよばれ、縄文時代も中期から特に終わりころの晩期になると盛んにつくられる。それまでは主に土坑（穴）墓で、体を小さく折り曲げた屈葬をするのである。しかしそれらは大人の墓で、乳幼児などの子どもは小さめの土器の埋甕という墓に葬った。埋甕は、ふだんの煮炊き用甕を使うが、底に穴をあけてあることが多い。なぜなら、日常の土器を棺に使うため、「二度とこれを煮炊きに使わない」というしるしに、穴をあけたと思われる。もう一つは、死んだ幼児の魂が土器に閉じこめられるのは不憫と考えた親が、現世と死後の世界を行き来できるように魂の抜け穴をあけたという考えである。これを裏付ける風習が昭和のはじめ頃まで中部地方にあり、死産した胎児や後産のえななどを壺に入れて、家の出入り口に埋めた「えな壺」である。それは母親が日々えな壺をまたぐことによって、死んだ子の魂が再び母の体内に戻り、やがてまた生まれてくるという再生観念のあらわれである。縄文時代の埋甕も、住居の出入り口に埋められていることがよくあり、この習俗が縄文時代から続いている可能性は否定できない。

ちなみに埋甕は、関東・中部などの東日本では縄文時代中期初め（約五千年前）にさかのぼり、近江には中期末（約四千二百年前）に、土偶や配石墓・土掘り石器など東日本の縄文文化が一体となって伝わったようだ。埋甕にはわが子にたいする再生の祈りが込められているのである。(16)

今安楽寺遺跡の埋甕（能登川町教育委員会）

仮面舞踏会……土面の謎

正楽寺ムラの発掘で注目を集めた出土物の一つに、土の仮面（土面）がある。広場近くの川斜面でみつかった土面は、ほかのたくさんの土器と一緒に岸辺から投げ捨てられたようだった。半円形に割れたそれは黒い土に裏向きに顔を覗かせ、一見、普通の土器の破片に見えた。残り具合は顔面の左上約三分の一で、左目と右目の一部、左眉と右眉の一部、耳には紐通し穴がある。復元すると直径二〇センチメートル、ほぼ円形である。器面の厚さは約一センチメートルで、横から見ると中央部は少し湾曲し、一応、顔に被ることを考慮しているようである。眉や鼻を粘土ひもで貼りつけて目を開け、表面をナデて仕上げている。決して丁寧な作りとはいえず、むしろ土器と同じ粗い作り方である。顔の各部分の表現では、眉を一センチメートルほど粘土で盛り上げてあるほか、目と耳は穴をあけ、さらに各部分の縁をヘラで線を引いて強調している。また、みけんに縦一本のシワと全体を縁どる枠線を描いている。額やみけん付近にはわずかではあるが赤塗りの痕が残り、もとは彩色土面であったと考えられる。当仮面は実際に被ることのできる「被り仮面」に当たるが、被り仮面全体では貝製のものも含めて全国で二二点目の資料となる。そしてこれは、最古級の被り仮面である。(17)

一般にお面がどんな場面で使われるのかを考えると、わかりやすいのはテレビや映画の主人公の「変身」動作である。子どもの頃に、祭りの露天商で売られる色とりどりのヒーローの面を、まぶしく見上げていた記憶は誰でもあるだろう。もしその中のお気に入りが手に入ってそれを被ると、自分がスクリーンの中の英雄になりきり、エネルギーが満ちてくる気がしたものだ。また、古来より厳粛に舞われるお能の世界にも、通じるものがある。能に登場するのは鬼などの精霊や神がかった者、もののけなどの化身が多い。さらに世界中の民族で、お面にまつわる祭儀は共通して行われている。おそらく正楽寺ムラでは、屈葬人骨のあるじが土面の持ち主で、祭りの夜このお面をつけて変身し、自然界の神を我が身に宿らせてお告げをしたことだろう。燃えさかる焚き火を囲む人垣の中心で、神が乗り移って舞い踊る仮面舞踏会が行われたと想像できる。

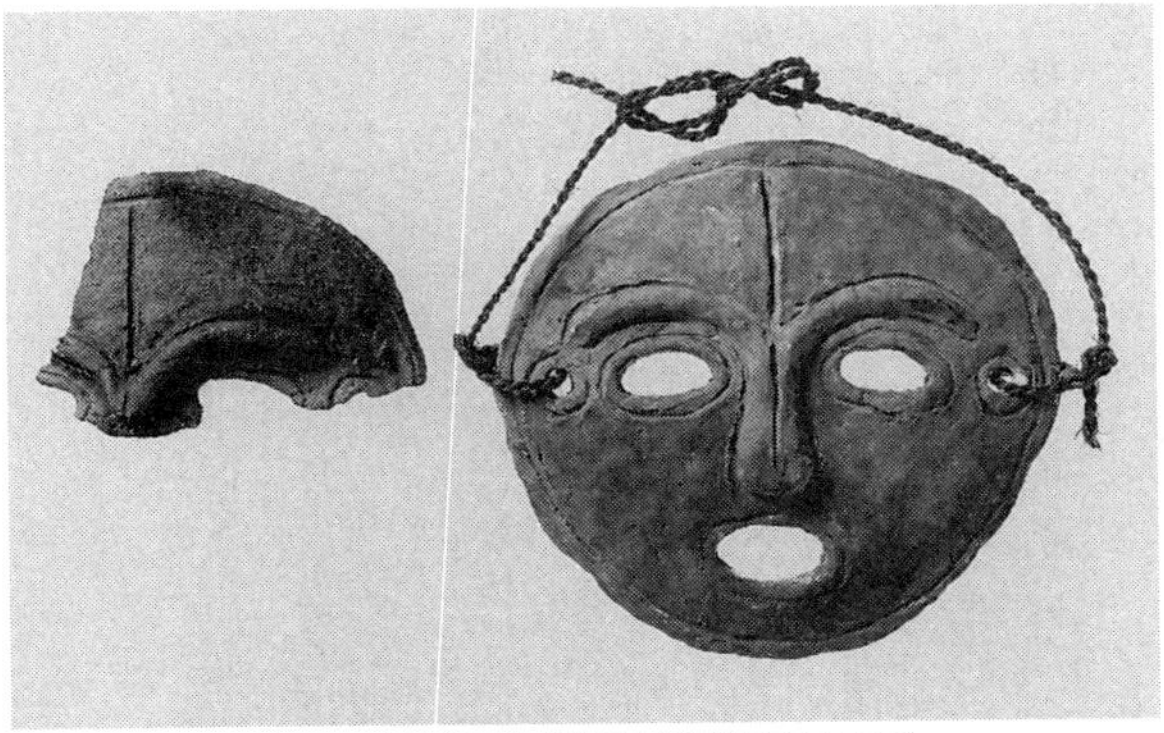
土面、右は複製（能登川町教育委員会）

再生の川に葬られたシャーマン

いよいよ謎の人骨の話に移ろう。人骨は広場に面した、深さ約一・五メートルの岸近くの川底で見つかっている。おそらく、川の水がほとんどない時期に、斜面底に少し穴を掘り、遺体を安置してすぐ粘土で覆ったのだろう。人骨全体の残り具合は悪く、一見してミイラのようになっていた。

葬られた姿勢は南西方向（広場側）に頭を向け、顔が北方に向いた横臥屈葬《おうがくっそう》という葬法である。安置した時は川斜面の勾配があるので、足もとに拳大の礫を複数置き、さらに土器片を敷いて水平を保つように工夫されていた。また、背中側には五〇×二〇センチメートルの範囲で、スダレのような編み物の跡が残っていた。発見当時、冗談混じりに「川に放り込まれた簀巻きのドザエモンやで……」などと言っていたが、ムシロやスダレで覆われていた可能性もある。そして頭の横には枕石が、足の近くで耳栓が出土している。

また胸のあたりにトチノキの枝根がみつかり、国立歴史民俗博物館の辻誠一郎氏は、わざと胸のあたりに置いたのではないかと指摘された。いわば献花である。埋葬人骨への献花は、数万年前のネアンデルタール人の墓での事例があり、とても魅力的な話だったが、なぜ枝根なのか筆者は理解できないでいる。

さてこの人骨を、原始人の骨に詳しい京都大学霊長類研究所の片山一道氏に鑑定していただいたところ、顎《あご》や頭部の骨が大きく腕や足の骨などが頑丈なことから男性と鑑定された。年齢は、下顎の大臼歯（奥歯）のかみ合わせによる減り具合から、四〇歳くらいの壮年とされた。さらに大腿骨の長さから、縄文人としては大柄な一六〇センチメートルくらいと判断された。これらのことから、がっしりした大柄の壮年男性というイメージができあがったのである。

ところで、縄文人の平均寿命については、遺跡の縄文人骨から研究されているが、様々な計算方法があり確実な答えは出ていない。岡山県津雲《つくも》貝塚（約三五〇〇年前）の人骨では、五〇歳前後の熟年が最も多いというデーターが出ているが、一五歳までで死亡した確率がかなり高いという。よって三〇歳代が平均で、いずれにしても現在では想像もつかない早死にだったようである。[18]

そうすると正楽寺ムラのこの人骨の主は、年齢的にも長生きした方である。

ムラのそばを流れる川の中という特殊なところで、しかも土面や美しい飾り竪櫛、ペンダントなどが出土する近くから見つかったこの人骨の主は、まさにこのムラのリーダーであり、祭りをつかさどるシャーマンだったのではないだろうか。年齢・体格ともそれにふさわしいものである。では、なぜ川に葬られたのだろう。この川岸からは、先に話した土面・ペンダントのほか大量の土器が出土している。貝殻が堆積した貝塚のようなので、筆者は「土器塚」とよんだ。貝塚は普通食べカスの貝や魚・獣の骨がたまったところで、ただのゴミ捨て場と考えられているところである。しかし貝塚から、美しい玉や飾り櫛などと共に人骨が出土することがある。大津市石山《いしやま》貝塚でもそうである。正楽寺ムラでも土器塚の様子からは、ただのゴミ捨て場とは考えにくい。自然界に対して常に謙虚な縄文人は、あらゆるモノに生命の存在を見、そして失われた生命が再び甦ることを祈ったのだ。死と生はたえず裏返しにあり、死は生のはじまりだと信じたにちがいない。壊れて捨てられる土器もまた、いずれ再生することを信じ積み上げられていく。そして土器塚のいちばん底に、ムラの長老＝呪術師を葬り、守護神としての再生を願ったと思えるのだ。そこに縄文人の死生観を見ることができる。

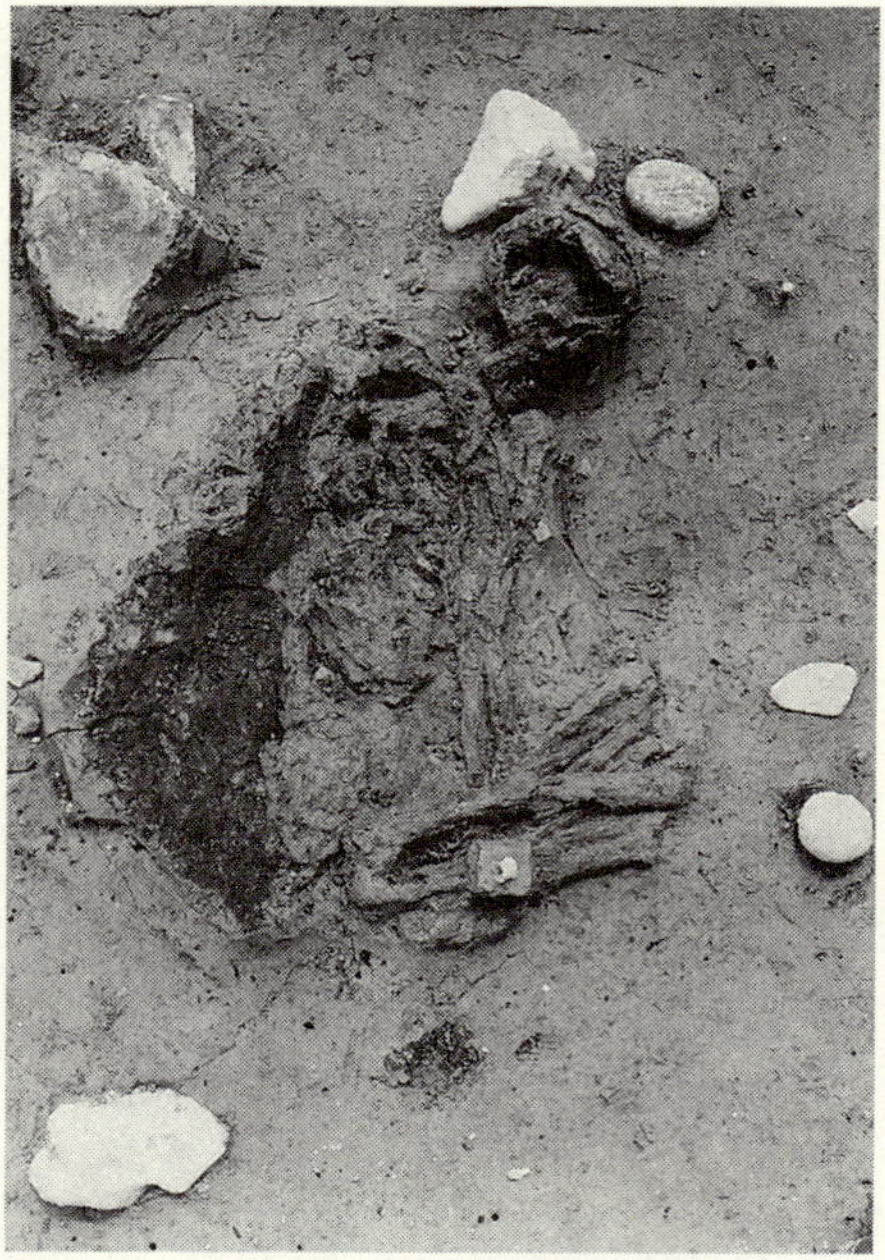

屈葬人骨（能登川町教育委員会）

COLUMN 5

スワッ！ 人骨が出土？

マスコミ報道の波が過ぎ、現地説明会も終わってまもなくのある日、管轄の警察署の刑事さんから電話が入った。「人骨が出たそうですけど、なにか事件との関係はないんでしょうか？」「はあっ？」「そのう、人骨ですわ、殺人事件とかそういう関係は……」吹き出しそうになるのをこらえながら、「ええ、確かに人骨ですけど、大昔のですよ」と筆者。「どれぐらい昔？」「だいたい三千八百年前ですわ」「さ、さんぜん？……」相手の刑事さんもあ然としていたが、筆者はげらげら笑った。なるほど、土器がなければ時代が分からず、殺人や死体遺棄事件と考えられなくもないのだ。警察にしてみれば、笑い話でよかったようなものだろう。ところで、考古学と警察は不思議なご縁で結ばれている。というのも、遺跡出土物は法律によって、警察に届けなければならないことになっているからだ。そう、落とし物を拾ったときの「遺失物《いしつぶつ》法」である。どういう訳か、発掘で見つかったものはすべて落とし物で、いったん警察に届けて六カ月間「告示」して、落とし主の現れるのを待つ。何百・何千年前の土器や石器を「私の土器です」という人はなく、土地所有者は事前に所有権放棄されているので、半年後に国の所有物になる。しかし全国で、プラスチック製のパン箱にして五百三十万箱もの出土物を、警察や国が保管出来るわけがなく、書類だけの手続きで済ます。結局は市や町の施設で保管するのである。なぜこんな回りくどい手続きをするかというと、出土品の中には高いお金で売買されるようなものが、たまにあるからだ。小判など資産価値の高いものも、場所によっては出土することもある。だから、まちで発掘していると通りがかりの人がよく、「小判でえへんか？」と声をかける。その時は笑って適当に答えるが、「もし出たら大変やがな」と思うのも筆者だけではないだろう。

第二幕◉ 琵琶湖を駆けた縄文人

1　湖底遺跡の不思議

水位変動と湖の遺跡

琵琶湖を取り囲む近江の歴史は、琵琶湖の水位変動に大きく左右されてきた。だが水位変動の要因については、いまだに定説はない。現在でも気象条件によって一メートル前後の変動はしばしばみられ、渇水や増水への対応に苦労することはよくあることだ。今から百年余り前の明治二九年には、台風にともなう集中豪雨で、わずか一週間のあいだに一気に三・七六メートルも水位が上昇し、湖岸の集落を次々のみ込んだ。県内の湖岸各地にわずかに残る当時の建物には、このときの水位が汚れた白壁のシミになっていることがあり、洪水の恐怖を今に伝えている。

一九九四年現在で、琵琶湖岸や湖底に沈む遺跡が九八カ所あることがわかっている。[19] 一九八八年では七一カ所[20]だから、六年間で一気に二七カ所も新発見されたことになる。湖底遺跡には縄文時代から中世までのものがあって、最近、とみに湖岸近くに沈む中世の「千軒」集落に対する関心が高まっている。(21) また深さを見ても、葛籠尾崎《つづらおざき》湖底遺跡のように水深七〇メートルにあるものから、大中の湖南遺跡のように今は陸地となっているものまで様々である。

ところで、大正十三年に地元のイサザ漁師の網にひっかかって揚げられた、湖北町尾上《おのえ》の葛籠尾崎湖底遺跡の縄文土器は、今も多くの謎をよんでいる。遺跡は琵琶湖北端の葛籠尾半島から竹生島方向の東西二キロメートル・南北一・六キロメートルの範囲で、急勾配の岬が湖にストンと落ちるあたり、山も湖も深い碧をたたえた神秘的な風景の中にある。湖から揚げられた土器の総数は一五〇点以上にのぼるといわれ、その種類も縄文時代早期初め（約九千年前）の深鉢から、平安時代終わり頃（九〇〇年前）のお皿までいろいろある。

葛籠尾崎とエリ

ほとんどが完全な形で、割れているものは少ない。現在その多くは、発見者漁師さんの個人蔵になっているが、一部は尾上公民館に展示してあって事前にお願いすれば見学できる。

実際に手にとってみると、もろいはずの縄文土器が割れずに引き上げられた理由がよくわかる。それは湖水内や湖底泥土に含まれる鉄分が、数千年の間に土器に付着して錆びついたようになり、厚いところでは数ミリの鉄のカバーがかけられたようになるのである。それを湖成鉄とよび、湖底・湖岸遺跡でしばしば見られる現象である。色は赤茶けて、ずっしりとした重みがある。

さて、数ある湖底遺跡のなかでも葛籠尾崎は、水深七〇メートルということもあって一番の謎となっている。一説には、大規模な地殻の変動（地

葛籠尾崎湖底から引き上げられた土器（滋賀県教育委員会）

震）によって地滑り現象が起きたため、湖岸近くの集落が湖底に落ちたといわれる地盤沈下説である。しかし七〇メートルも沈下するのは、とてつもない大変動であり、ここだけの現象に収まるとは考えられない。また地質学的な調査では、縄文時代から現在までそれほど大きな異変はなかったことがわかっている。さらに琵琶湖は、毎年一ミリずつ沈んでいるともいわれているが、琵琶湖岸の遺跡が時代ごとに全て順番どおり、古いものほど深いところにあるとは限らない。よってこの説は、認めがたい。

二説目は、水霊《すいれい》信仰にともなう祭りである。西国三十三カ所観音霊場の三〇番札所宝厳寺があり、信仰の島としても名高い竹生島《ちくぶしま》に近いことから、水霊・水の神へのまつりは、ある意味で納得できる説である。竹生島へ船で参詣に行くと、中腹に琵琶湖を望める見はらし台があって、今も願掛けの「かわらけ投げ」がおこなわれている。一枚いくらかで素焼きの皿を買い求め、心に願い事を念じながらエイッとばかりに放り投げる。皿は緩やかな放物線を描いてきらめく湖面に落ち、揺れながら沈んでいく。湖には恐怖と慈しみが同居していて、そこに古代人が神を見たのは当然である。湖の生産物はすべて神の与え賜うものであり、湖への感謝の念がまつりになって表れたとみるのも自然だろう。葛籠尾崎では縄文人が丸木舟で漕ぎ出て、湖の神々に祈りを捧げたのだろうか。

さらにもう一説に、湖上を船に乗って人が移動したとき、天候の急変で難破し船上の荷物が水中に沈んだのだ、という考えもある。いまもまれに漁船や釣り船が遭難するので、これもあり得ることである。

さて湖岸近くの遺跡が湖に沈んで発見される理由は、水位の上昇か地盤沈下《じばんちんか》のどちらかといわれている。湖底遺跡の分布と水位の変動については前にも少しふれたが、縄文時代以来今日まで多少の上下動はあるものの、湖水面が上昇し続けているのは明らかである。この水位上昇について、滋賀県文化財保護協会の秋田裕毅氏は、発見が相次いだ琵琶湖周辺部の地震跡（噴砂《ふんさ》）から、大規模な地殻変動の時期を割り出し、湖底遺跡の標高との関連を調べた[22]。秋田氏の考えは湖岸集落が琵琶湖に沈む原因を、大規模な地盤沈下か瀬田川の河床上昇だとするものであった。つまり琵琶湖の喉元ともいえる石山寺付近の瀬田川の川底が、盛り上がるか川幅が狭まるかして、堰止められる状態になり、水位が上がったというものである。具体的には縄文時代晩期（約三千年前）以後、弥生時代中期（約二千年前）、平安時代末（西暦一一八五年）、安土桃山時代（西暦一五九六年）の、マグニチュード七以上の四回の大地震によって、そのたびに水位が上がって湖岸の遺跡が沈んだというものである。

それにしても、縄文時代の遺跡でいまだに解決できずにいる湖底遺跡の謎は、少なくとも私たちにいろんな想像をかきたててくれる。科学的な調査でメスを入れるのは当然だが、人それぞれいろんな想像を楽しめるのもよい。偶然あけられたパンドラの箱は、当分のあいだ閉じられそうにない。

舟を伐つ、その数日本一

湖上交通が近江の歴史にとって特別な意味をもっていることは、以前からいわれていることだ。現在では、観光用の中・小客船やブラックバス釣りのレジャーボート、または休日の渚を賑わす水上バイクやウインドサーフィンなど、実用よりも遊びの道具として使われているが、車社会に入る以前は湖上を盛んに往き交う物資運搬船が見られ、重要な経済活動の手段であった。中でも近世の琵琶湖には、丸子船《まるこぶね》とよばれる独特の運搬船があって、縦横自

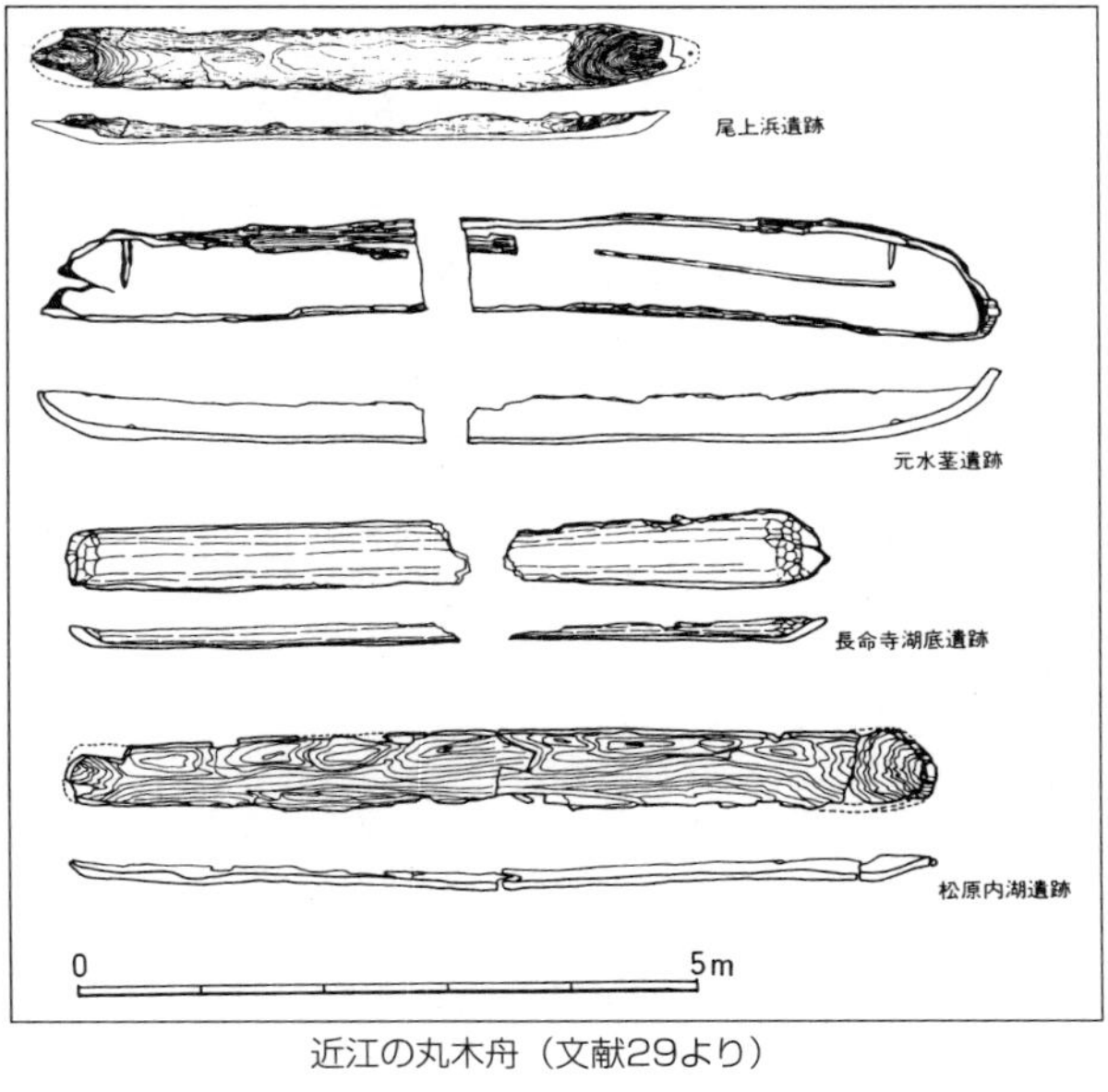

近江の丸木舟（文献29より）

在に湖上を渡っていたという。[23] 滋賀県立琵琶湖博物館の用田政晴氏は、縄文時代から現代までの湖上交通の歴史をまとめた中で、日本史の節目に琵琶湖の湖上交通がさまざまな形で影響を与えたことを指摘している。[24] 徒歩しかない時代の移動手段に、湖上の丸木舟が果たした役割が大きかったのは想像にたやすい。

全国で縄文時代の丸木舟が、どれくらいみつかっているのかはっきりしないが、総数は三〇～四〇隻くらいと思われる。一番古い時期の丸木舟は、隣の福井県三方町にある鳥浜《とりはま》貝塚の前期(約五五〇〇年前)のものであるが、一番たくさんみつかっているのが琵琶湖の湖底遺跡である。今のところ近江八幡市元水茎《もとすいけい》B遺跡(二隻)、元水茎C遺跡(五隻)、長命寺湖底遺跡(一隻)、松原内湖遺跡(一二隻)、尾上浜遺跡(一隻)の五遺跡で二一隻が出土しており、その数が日本一であることはまちがいない。縄文時代の住居跡や墓の数では東日本にかなわないが、湖底遺跡のある近江では動・植物でできた出土物が日本一残りやすい所である。

さて、近江で縄文の丸木舟がみつかった遺跡を、南から順に紹介しておこう。

元水茎B、C遺跡[25] 近江八幡市水茎町から元水茎町付近にある。彦根方面から湖周道路(さざなみ街道)を南下して長命寺を折れ、牧町の砂浜を右手に過ぎると小高い山の切り通しをのぼる。岡山である。岡山は、中世佐々木六角氏の重臣九里《くり》氏の居城岡山城があったところで、当時は日野川の河口付近の水茎内湖を南に見、また北西に琵琶湖を見下ろす湖上交通のかなめとなるところであった。水茎内湖は広く浅いことから、戦後国営事業で干拓計画がなされた。工事が進められていた昭和三九年（一九六四）、干拓地内の農業用水路掘削中に、偶然丸木舟が発見されたため、当時、滋賀県教育委員会の技師だった水野正好氏（前奈良大学学長）によって、発掘調査されたのである。

丸木舟は、旧内湖の渚にあたるところでみつかり、うち五隻が後期中頃（約三五〇〇年前）の土器と一緒に出土している。割れているものもあるが、いずれも全長七～八メートルくらいで幅〇・七～一メートル、舟底までの深さは二〇～三〇センチメートル程度と浅く細長い形である。この形は見るからに波に対する抵抗力がなく、琵琶湖の深い本湖を横断するような舟でなく、内

元水茎遺跡の丸木舟（滋賀県教育委員会）

湖を巡航するのに適したものと考えられている。
この遺跡では発掘当時、充分な時間と調査体制のとれない状態だったため、丸木舟を掘りあげることに力が注がれ、周辺部の縄文ムラの追求がされなかったのは残念である。しかし、調査を行った水野正好氏は、周辺の一段小高い砂州上に住居があり、見つかった七隻の丸木舟は、水茎内湖の岸辺の木に繋がれていたものと想定された。なお、これらの船は現在、近江八幡市立資料館に展示されている。

長命寺湖底遺跡(26) 近江八幡市の西国三十三カ所観音霊場三一番札所、長命寺の山麓にあり、元水茎遺跡からは直線距離にしておよそ三キロメートル北に位置する。ここは、古来より入り江を生かした湖東地方の良港、長命寺港があるところで、

長命寺湖底遺跡の丸木舟（滋賀県教育委員会）

今も漁船や沖島への連絡船、または観光船が出入りするところである。発掘はしゅんせつ工事に先立って一九八三年に実施され、現在の湖水面から約二・五メートル下の標高八一・七メートル付近で、晩期（約二五〇〇年前）の丸木舟一隻が見つかった。丸木舟はスギを使い、大きさは全長六メートル、幅〇・六メートル、厚さ〇・二メートルでほぼ完全な状態で残っていた。出土時の状況から水際に繋がれていたものと想像され、縄文時代晩期の琵琶湖の水位がこの標高だったという一つの証明材料となっている。調査現場を筆者も見学したが、当時では珍しく琵琶湖の中に鉄の矢板を打ち込んで塀を作り、中の水をポンプで汲み上げる調査方法であった。この舟は保存処理が終わり、滋賀県立琵琶湖博物館に展示されている。

松原内湖遺跡(27)　彦根市北部、ＪＲで彦根から米原に向かう途中で、石田三成の居城佐和山城のふもとを過ぎる両側に、やや広い空間が開けてくる。現在山側には広域下水道の処理施設、琵琶湖側には住宅地と田んぼが広がっている。ここは戦後に干拓されるまで、北は磯山、東は佐和山、南から西は芹川の砂州に囲まれた松原内湖だった。遺跡はこの内湖の東側山裾の水際に沿ってあり、下水処理場建設に先立ち昭和六〇年から七年間にかけて行われた。現湖水面から約三メートル低い、標高八一・五メートルのあたりで縄文時代後・晩期（三五〇〇～二五〇〇年前）の土器が見つかり、一緒に、丸木舟や櫂など様々な木製品がたくさん出土した。中でも丸木舟は完全なもの二隻や製作途中の一隻を含め総数一二隻の出土をみており、量的には日本最多数を誇っている。舟の材質はほとんどがスギであるが、製作途中らしきものはヤマザクラを使っている。普通丸木舟には比較的柔らかいスギの丸太を用いるので、堅い材質のヤマザクラは特異であるが、削る部分を火で焦がして石斧で剞るやりかたは、一般の丸木舟と同じである。ほかにも同じ土層からは、船をこぐ櫂（オール）がたくさん出土しており、内湖を盛んに航行していた縄文人の姿が思い浮かばれる。また縄文の木器として、丸木弓・竪櫛・縄文の琴など、多彩なものが見つかった。ここの舟も保存処理が済み、滋賀県立琵琶湖博物館に保管されている。

尾上浜遺跡(28)　長浜から湖周道路を北上し、姉

松原内湖遺跡の丸木舟（滋賀県教育委員会）

川の橋を越えるあたりからしばらく見晴らしのよい直線道路が続く。左手の碧深い琵琶湖にはぽっかりと竹生島が浮かび、さらに奥の葛籠尾崎を眺めるあたりで「尾上温泉」の看板が見えてくる。先に触れた葛籠尾崎湖底遺跡の土器を引き上げられた、湖北町尾上集落である。道路のつき当たりには尾上漁港があって、丸木舟は一九九八年に漁港近くの湖岸堤工事に先立つ調査で見つかっている。現水面から三メートル下で出土し、出土土器から、縄文時代後期後半（約三二〇〇年前）のものと考えられている。大きさは、長さ五・一メートル、幅〇・五メートルで、厚さは〇・三メートル以上と短い割にやや深いのが特徴である。

この舟の出土を機に、滋賀県文化財保護協会

尾上漁港から竹生島と葛籠尾崎（右）をみる

では丸木舟を実際に作り、琵琶湖を航行する興味深い実験を行った。材料は米スギで、時間の関係で現代工具が使われたが、出土した舟とほぼ同じ大きさに製作された。そして一九九〇年九月一日の波穏やかな日に、尾上浜から竹生島に向けて出航した。二名のこぎ手を乗せた五・五メートルの「さざなみの浮舟」号は、当初の予想に反してすべるように湖上を駆けた。途中、謎の葛籠尾湖底遺跡の湖面を右手に見ながら、六キロメートルの湖上を一時間四〇分で到着したのである。実験に深くかかわった滋賀県文化財保護協会の横田洋三氏は、尾上浜遺跡出土の舟は深い本湖へ漕ぎ出られるタイプで、元水茎遺跡や長命寺湖底遺跡・松原内湖遺跡

尾上浜遺跡の丸木舟（滋賀県教育委員会）

などの高さの低い舟は、内湖や沿岸部専用だったのではないかと報告している。[29] なお、この現物は保存処理の後、琵琶湖博物館に保管され、また復元された丸木舟は現在、安土町にある県立安土城考古博物館の中庭に展示されている。

ところで、湖や内湖で丸木舟が使われるのは当然だが、一見、水辺とは縁遠い新潟県北部の山間集落、朝日村奥三面《おくみおもて》のマタギ（猟師）はよく丸木舟をつくり、日常の移動手段に使っていたという。[30] 民俗学者宮本常一氏は、天竜川の山間部や下北半島のマタギもよく丸木舟をつくり、なかには海船の底ばかりを専門につくる職人もいたという。さらに山中の川沿いには、そういう集落がかなり多かったのではないかと述べ、木工に長けた人たちと舟造りとの関係を指摘している。[31] いまのところ山の遺跡で、縄文の丸木舟が見つかった話は聞いたことはないが、山住まいの縄文人も丸木舟を利用していた可能性は充分ある。奥三面では、丸木舟を作る作業を「舟を伐つ」というらしい。大木を切るとき鉄斧のようにスパッとは切れない石斧で、堅い木をたたきつける作業から生まれた言葉なのだろうか。縄文人の苦労が偲ばれるところだ。

COLUMN 6

縄文琴と樺太アイヌのトンコリ

日本で一番たくさん丸木舟の見つかった松原内湖遺跡では、晩期初めごろ（約二八〇〇年前）の琴とみられる、大小二点の木器が出土している。長い方は約四四センチメートル、幅六・七センチメートルで、剣のような形に三段の刳りこみがある。三段の上部には二つの突起があり、反対の先端には四つの小さな穴があけられた四弦琴だと思われる。段の下には丁寧で美しい彫刻が施されていて、日常使う道具には見えない代物である。これと同じ形の木器は小樽市忍路土場遺跡でも見つかっていて、以前から縄文琴だといわれていたが別の意見もあったようだ。ところが北海道に、これに似た民俗楽器があるのを筆者は見つけた。それが樺太アイヌの人たちが奏でた、トンコリである。トンコリは長さ一メートルあまりと縄文琴より大きいが、形は縄文琴そのもので裏に共鳴槽をもち、横抱きにかかえて演奏する琴である。[32] 五弦が多いが、まれに三弦もあるらしい。樺太アイヌの世界では、巫女（シャーマン）が祈祷の際に奏でたり、病人の悪魔払いの曲を弾いたといわれる。またトンコリの各部分には女性の人体名称がつけられており、完成すると「へそ」穴から、「心臓」と「魂」の玉が入れられるという。万物に精霊をみるアニミズムのアイヌ世界でも、特に神聖な楽器だったようである。トンコリの名前は、音が「トンコゥリ」

ときこえるからだといわれている。のちに松原内湖遺跡の縄文琴が複元されて四弦琴となり、土笛と一緒に演奏されたのを聴いた。それはユーカラにあわせて奏でるトンコリの、森閑に木の実が落ちたような、かわいた音色そのものであった。

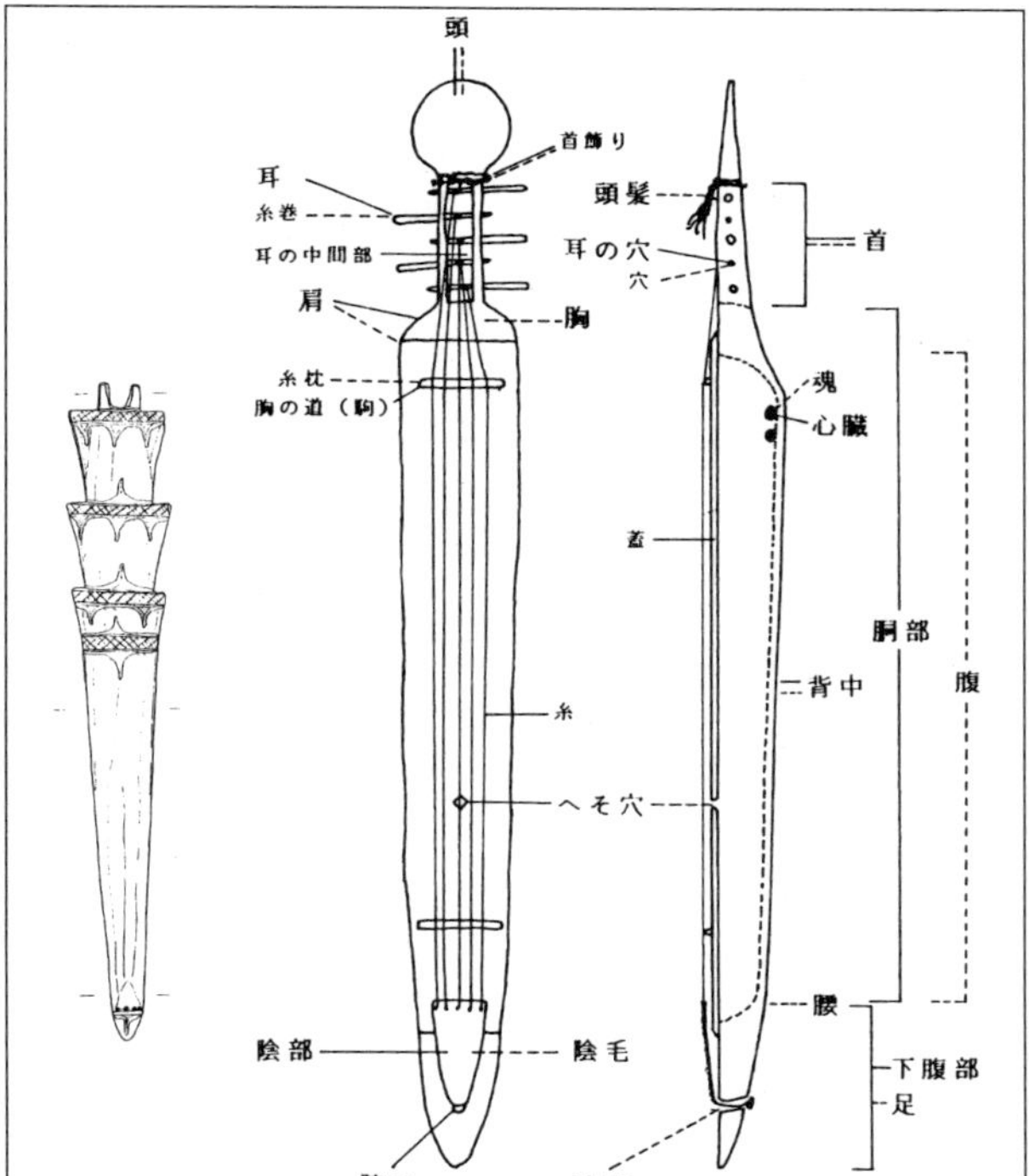

アイヌの琴と松原内湖の縄文琴（文献27、32より）

2 縄文のカンヅメ

縄文貝塚は、当時の人々が食べカスを捨てて積もった生ゴミの山であり、土器などの生活道具のゴミ捨て場でもある。一方で、死んだり壊れたりした人やモノの再生を祈った、まつりの場でもあることは前に記したとおりである。近江では瀬田川沿いの粟津湖底遺跡（粟津貝塚）、石山貝塚、蛍谷貝塚の三つが有名で、それぞれ重要な内容が報告されている。ここでは特に、縄文時代早期の粟津湖底遺跡と石山貝塚、そして中期の粟津貝塚から、縄文の生活ぶりを考えてみたい。貝塚は食べ物や生活用品がギッシリ詰まった、縄文のカンヅメといえる。

貝塚の情報㈠　粟津湖底遺跡[33]、九五〇〇年前のくらし

ＪＲ琵琶湖線が瀬田川の鉄橋をわたると、北側に薄淡い琵琶湖の視界が開けてくる。粟津湖底遺跡は南湖がすぼまって瀬田川にさしかかるところ、ＪＲ鉄橋からはわずか五〇〇メートル上流の水面下に沈んでいる。石山貝塚とはおよそ二・七キロメートル離れていて、ここでは三カ所で

貝塚が見つかったことから、三つの貝塚と他の遺構を合わせて、粟津湖底遺跡とよばれている。最初の発見は戦後まもなく、一九五二年のこと。地元の砂利採取業者が獣骨やシジミの貝殻をすくい上げたのを聞きつけた京都大学藤岡謙二郎氏によって確認された。その後何度か調査されたが、本格的には湖底の航路しゅんせつに先立ち、滋賀県教育委員会によって一九九〇・九一年に行われた。

第一と第二貝塚は現在の西岸寄りに並んであり、合わせて一〇〇×七〇メートルの大きさで、淡水の貝塚としては日本最大である。しかし、第一・二貝塚は主に潜水調査だったために詳しいことは不明である。一方、第三貝塚は鉄の矢板で四角く囲み、中の水をポンプでくみ出して

粟津湖底遺跡航空写真（滋賀県教育委員会）

陸化する方法で、約一二四×七二メートルの範囲を詳しく調査された。その結果、ここは縄文時代中期初め（約五千年前）の貝塚と判明したが、これとは別に早期初め（約九五〇〇年前）の川跡に、クリの殻が積もったクリ塚があるのが判明した。そこでまず一万年近く前の暮らしを、このクリ塚に覗いてみよう。

筆者がこの遺跡を訪れたのは、一九九〇年初夏のことである。瀬田川河畔、朝日レガッタの会場近くから工事関係者の渡し船に乗せてもらって、三分ほどで鉄の囲いに到着した。上陸すると、まさに巨大な戦艦に乗った感じがする。長いハシゴを使って降り、担当者の案内で見つかったばかりのクリ塚を見せてもらった。クリ塚は現在の水面下三メートル下の砂利層中の、幅一五メートルほどのなだらかな川跡にあった。七×五メートルの範囲に、クリの殻が〇・五メートルの厚さに堆積していた。最終的に中からは土器の他に、石槍《やり》・たたき石があり、植物性の遺物がたくさん残っていた。それらは、籠状編み物・木製刺突具・彫刻された木・縄・組み紐などで、クリのほかにヒョウタン・リョクトウ（豆科）の仲間・クルミも出土している。

クリは大半が殻で自然に落ちたものでなく、縄文人が食べカスを捨てたのはまちがいない。またヒョウタンはクリ塚の下から出土しており、日本で最古の発見とされる。ヒョウタンやメロン仲間に詳しい、元大阪府立大学教授藤下典之氏に直接うかがったところ、ヒョウタンは基本的には日本に自生していないので、何らかの方法で日本列島にたどり着いて、栽培されていた可能性が高いということだった。リョクトウも同じで、九五〇〇年も前に野生植物を栽培していた可能性も出てくるのである。しかし、すぐさま「縄文農耕」だというのは早計過ぎると思う。少なくとも、道具と場所と生産物があきらかになって始めて、縄文農耕が語れるのである。それにしても一万年程の大昔のクリは、どんな味がしたのだろうか。

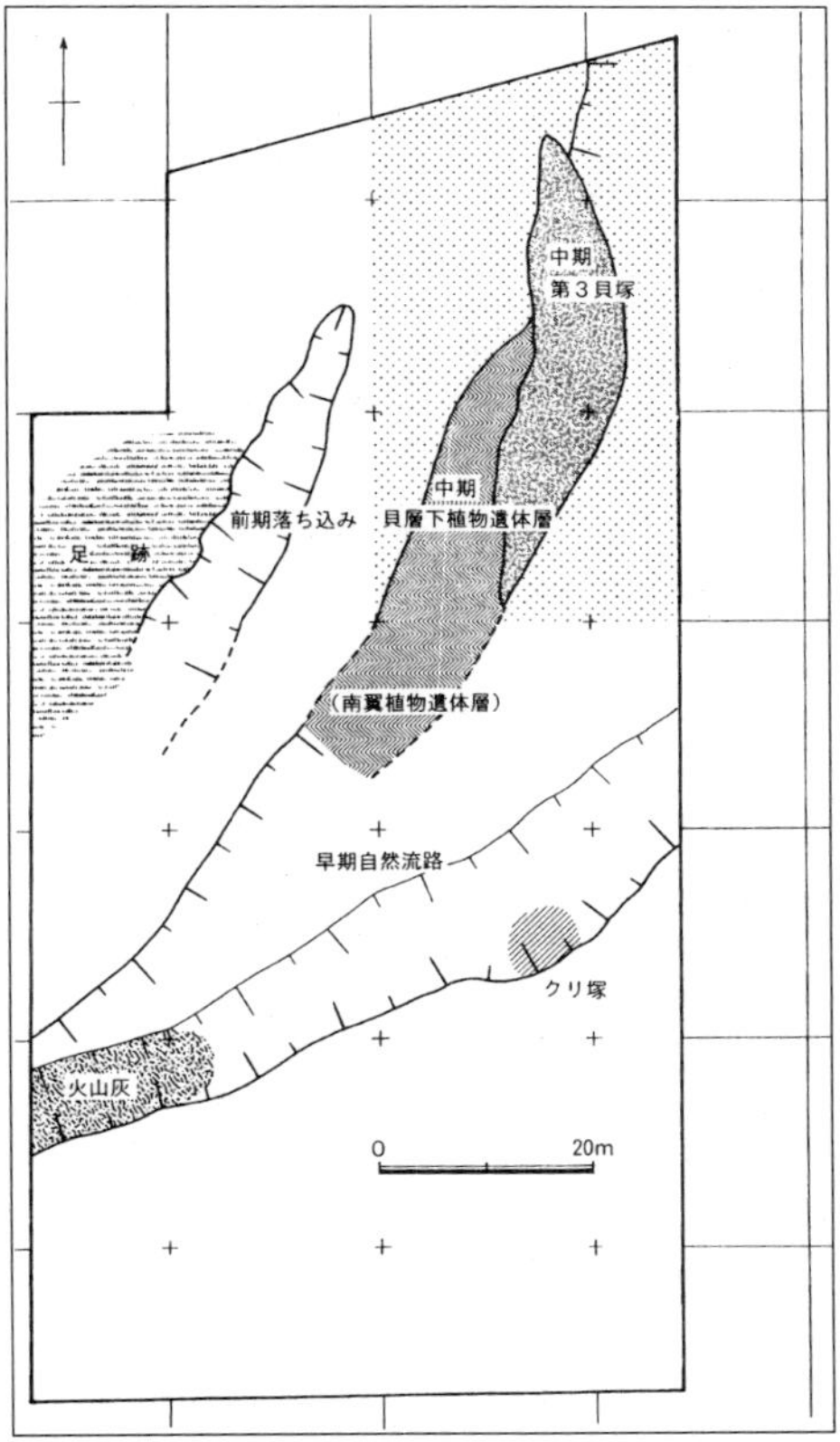

粟津湖底遺跡全体図（文献40より）

COLUMN 7

縄文調味料、藻塩《もしお》焼き

縄文時代には、今のような多様な調味料はなかった。ただ動物の生体維持には、摂取すべき栄養分がたくさんあって、塩に含まれるミネラルなど無機質は欠かせないものである。なかでも海水からできる天塩は、極めて重要だといわれている。では原始・古代に塩をどうして入手したか。一つは、海水を直接土器で煮詰める土器製塩という方法で、岡山大学名誉教授の近藤義郎氏の研究によって、縄文後期末ごろ（約三二〇〇年前）に始まったとされている。[34] 最近渡辺誠氏は、愛知県松崎貝塚の発掘で、万葉集第六巻に登場する「……朝凪《あさなぎ》に　玉藻《たまも》刈りつつ　夕凪に　藻塩焼きつつ……」のことばどおり、古代にアマモなどの海藻を焼いて製塩されたことをつきとめた。[35] それは貝塚の大型貝にまじって、一〜二ミリほどの微小貝が、膨大な量含まれていることの発見にはじまる。それらウズマキゴカイなどの微小貝は、アマモなどに付着して生息するものでこれらが焼けていたので、ここで海藻が焼かれていたことが証明されたのである。さらに渡辺氏は実際に海岸でアマモを集めて、製塩実験を行った。その結果古代では、海藻を焼いた灰を大き目の土器でいったん煮詰め、濃度の上がった塩水を小さい方の製塩土器に何度も注いで結晶化させたとみられた。つまり製塩土器で直接煮詰めるだけでなく、その前に藻塩焼きと大型土器による煮詰め工程があることが、あきらかになった。松崎貝塚は奈良時代（約一二〇〇年前）の貝塚だが、渡辺氏の話ではこの方法が縄文時代後期まではさかのぼるという。それにしても万葉集が新発見の糸口になるなんて、ロマンあふれる考古学ではないか。

貝塚の情報㈡　石山貝塚、[36]　八千年前のくらし

ＪＲ石山駅で京阪電車に乗り換え、南の終点石山寺駅で降りると目の前に瀬田川のゆったりとした流れが見えてくる。瀬田川右岸に沿って国道四二二号線がはしり、川面をみながらその歩道を一〇分ほど南方へ歩くと、やがて石山寺の山門にたどりつく。紫式部が源氏物語を草したといわれ、歴史上たびたび登場する有名な寺である。山門前のやや南には参拝者用の有料駐車場があり、みやげ物売店やレストランが軒を連ねているが、迫る伽藍《がらん》山の傾斜が駐車場に落ちるあたりに、縄文時代早期後半（六～八千年前）の石山貝塚がある。

石山貝塚の発見は古く、昭和一五年（一九四〇）のことである。翌、一六・七年には、さっそく京都大学の藤岡謙二郎氏らによって調査されその重要度が高まったが、戦時下に突入したため

石山貝塚断面（大津市教育委員会）

調査は一旦休止された。戦後、昭和二五年（一九五〇）になって今度は日本考古学会をあげて再び関心が高まり、京都市にある平安学園（現平安高校）考古学クラブの坪井清足・原口正三氏を中心に、京都大学関係者、地元西田弘教諭率いる打出中学の生徒らによって発掘調査されたのである。調査は昭和二六・二九年にも行われたが、当時参加したメンバーは、若き日の横山浩一・近藤義郎・金関恕・大参義一・小野山節・田中琢・佐原真氏など、その後日本考古学界をリードしていった、そうそうたる顔ぶれであった。もちろん縄文研究の先達東京大学の山内清男氏や、京都大学の梅原末治氏も調査指導者として名を連ねていた。

貝塚は東西五〇、南北六〇メートル以上の広い範囲にわたっており、現水面より約三メートル高い標高八七・七五メートルから下に二メートルの厚さがある、淡水貝塚として知られる。セタシジミ（ムラサキシジミ含）が貝全体の七九％近くを占め、巻き貝のナガタニシが一二％余りと、他はカワニナ類などである。ギッシリ詰まった貝層の一部には焼けて白色化したところがあり、コンクリートのように硬くツルハシもたたなかったと報告されている。おそらく貝殻の石灰分が固化したものだろう。琵琶湖の湖西では、昭和二〇年代まで貝殻を焼いて貝灰（石灰分）をとるための、「貝窯《かいがま》」が焚かれていたという。[37]貝灰はおもに肥料にされたが、江戸時代には良質のものが化粧白粉《おしろい》にされたという記録もある。縄文人が白粉は求めなかっただろうから、焚き火をした後で石灰分が溶けだして固まったのだろう。

さて、貝層の間には川原石を集めた炉が、全部で一二基見つかっている。炉は煮炊きをする穴で、食べ物調理をしていたところである。ところで当時の写真を見て気づいたことだが、この遺構は拳ぐらいの石を円形に集めていることと、報告書で「礫の表面が焼けている」と書かれていることから、食べ物の石焼き（蒸し焼き）設備ではないかと筆者はみる。というのも全く同じものを、鹿児島県国分市上野原《うえのはら》遺跡で実際に見たからである。上野原遺跡は石山貝塚より少し古い早期前半（約九五〇〇年前）からはじまり、石山貝塚と同じころ（約六三〇〇年前）に火山灰に埋もれた縄文遺跡である。[38]昨今、日本最古の縄文ムラとして有名になりつつあり、現地は住居跡などが一般公開され、たくさんの見学者が訪れている。ここでは焼けた集石が百数十基見つかっていて、土に魚肉の脂肪分が確認されている。別に復元された集石炉で、肉や魚・イモなどの蒸し焼き実験をして、成功している。現在でも東南アジアなどの亜熱帯地域では、タロイモやバナナを石で蒸

石焼き料理想像画（文献101より）

し焼きにする調理法が受け継がれているので、[39]石焼き遺構説は納得のいくところである。

また貝層の中から、五体の屈葬人骨が見つかっている。内訳は成人男子二体、成人女子二体、性別不明の子ども一体である。どの人骨も貝層を浅く掘り窪め、遺体を納めた後に土を薄くかけただけのもので、正楽寺ムラとまったく同じやり方である。子どもの首に、海水産のヤカドツノガイという巻き貝を輪切りにした、白い首飾りがつけられていたのが興味深い。正楽寺ムラの葬られたシャーマンと同じように、亡くなった近親者の甦りを願って、モノの再生の場に葬ったのである。

石山貝塚では当時の食べカスとして貝類の他に、コイ・フナなどの魚類、スッポン・イシガメなどのは虫類、キジ・その他不明の鳥類、ニホンザル・シカ・イノシシ・ノウサギ・クマ・タヌキなどのほ乳類の骨が多数見つかっている。これらは縄文人の重要なタンパク源で、動物の骨は中の骨髄液まで吸い取られていたという。一方、ドングリなどの植物性食糧はほとんど出土していないので、石山縄文人の主食は不明である。おそらく植物食量の生ゴミは、また別の場所に捨てられていたのだろう。

次に人工遺物では、石おの・やじり・横型の石匙（ナイフ）・セッケン形すり石などの石器がある。やじりやナイフはサヌカイト製がほとんどだが、一点だけ水晶製のやじりが含まれている。これは美しい透明で、こまやかな細工が光を反射してきらめき、とても狩猟に使用したものとは思われない。また、出土した土器は古い順番に整って堆積しており、日本の縄文年代を判定する重要な資料となっている。

ところで石山貝塚の一番の特徴として、鹿の角や動物の骨・貝で作った骨角器とアクセサリーが挙げられる。鹿角の斧や小動物の骨で作ったヤスや骨針は、細く美しい。アクセサリーでは、骨に細密な彫刻を施したかんざし、鹿の角を薄くして六角形に加工したペンダント。また、どう猛なクマのキバに穴をあけた首飾りのまが玉。そして、ツノガイなどの巻き貝を輪切りにした小玉の首飾りに、ベンケイガイなど海の二枚貝をくりぬいた白いブレスレット（貝輪）、五〇枚以上などである。特に二枚貝は暖かい海の、数十メートルもの海底に潜らないと手に入らないと言われており、意図して貝輪の材料として入手した

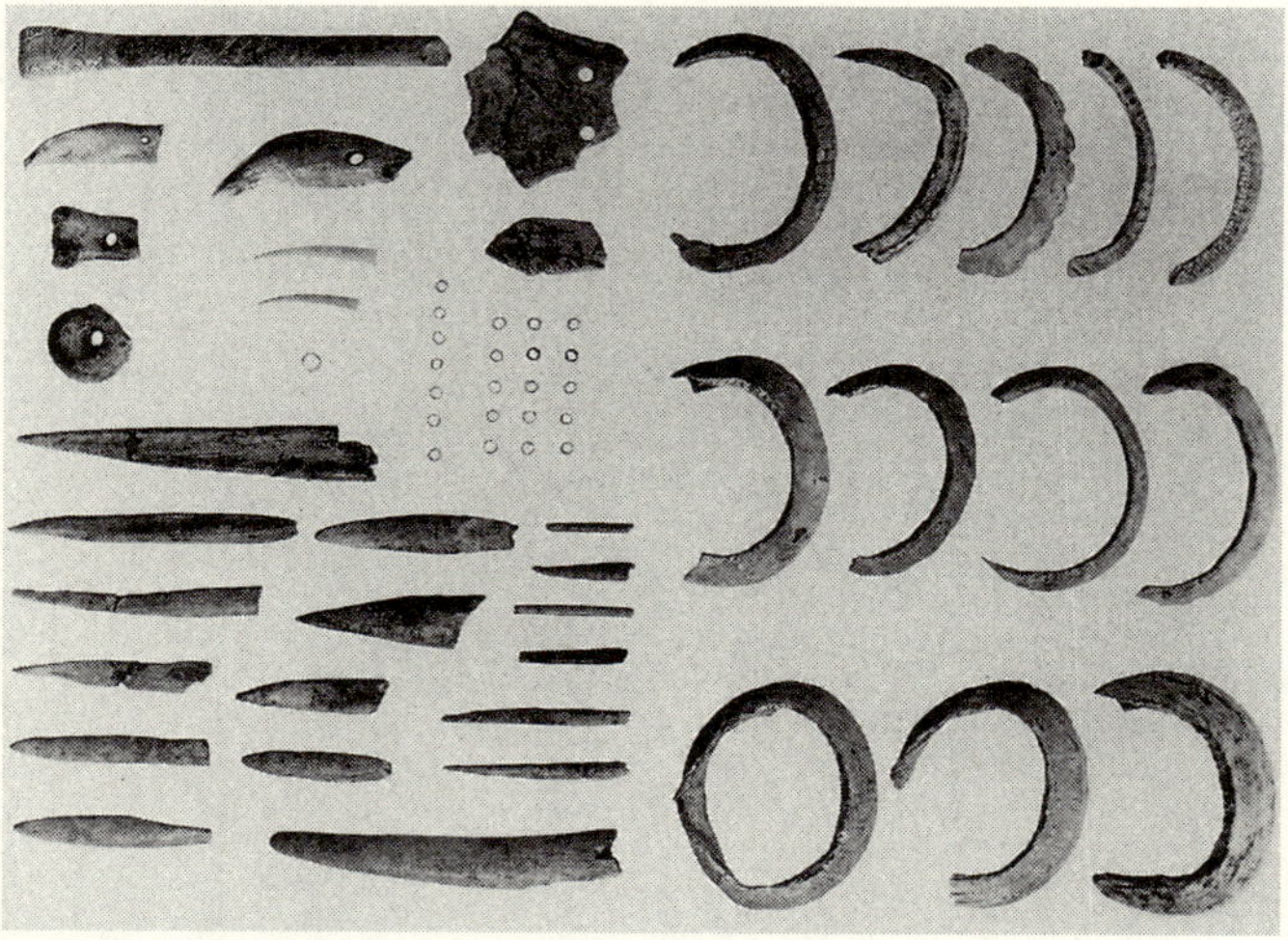
石山貝塚の貝輪・装身具（平安学園・石山観光協会蔵、滋賀県教育委員会）

のは間違いない。石山貝塚の縄文人は、盛んに海辺との交流をしていたのだ。

ここで想像をたくましくして、こんな話をひとつ。葬られた五人のうち大人の男二人はもともと海辺で生まれた漁師だった。ある日新天地を求めて、二人で淀川・宇治川・瀬田川をさかのぼってきて石山にたどりついた。後ろにイノシシやクマのとれそうな山、前はゆるやかに流れる川で、ウミ（湖）もすぐ近くにある。浅瀬に膝くらいまで入ると、小石に混じって大好きな二枚貝（シジミ）がたくさんあるのを見つけた。貝はウミのものより小さいが、潜らなくても簡単にたくさんとれる。男らはここに住み着くことを決め、近くで出会ったこの地の女と結婚した。持参したブレスレットやペンダントは、女の気を引くプレゼントにされたとか……。

石山貝塚の縄文土器（平安学園・石山観光協会蔵、滋賀県教育委員会）

さて現在の石山貝塚は、石山寺駐車場脇のコンクリート壁の中深くに眠っていて、見ることはできない。そのかわり、大津市埋蔵文化財センターのロビーには、セタシジミの詰まった石山貝塚のはぎ取り断面が飾ってあって、入館者を一番に迎えてくれる。

貝塚の情報㈢　粟津湖底第三貝塚、[40]五千年前のくらし

中期の粟津貝塚は、九五〇〇年前のクリ塚の少し北側で、ほぼ同じ深さの湖底で見つかった。水深が浅かった当時の瀬田川西岸にあたり、南北三五、東西一五メートルの三日月形をしていて、厚さは〇・五メートルである。セタシジミなどの貝層・砂と礫層・ドングリなどの植物層が何度も堆積し、全部で一五〇〜一七〇層も確認された。この層の積もり方から発見当時は、季節ごとに食べ物が変わる「縄文カレンダー」が見つかったと、新聞・テレビで大騒ぎされた。

縄文カレンダーとは、國學院大学の小林達雄氏が食べ物のとれる季節から推測して、縄文人の一年間の活動を、わかりやすく解説するために作成した円グラフである。春から夏にかけては山菜や魚介類を採取し、秋はドングリをひろって加工保存し、冬は動物を狩猟するという、各地の山間部では戦前ごろまで行われていた生活サイクルが描かれている。そして第三貝塚では、貝層とドングリ層が何十層にも重なっていたために、季節ごとに捨てられた「縄文カレンダー」が証

粟津湖底遺跡第三貝塚（滋賀県教育委員会）

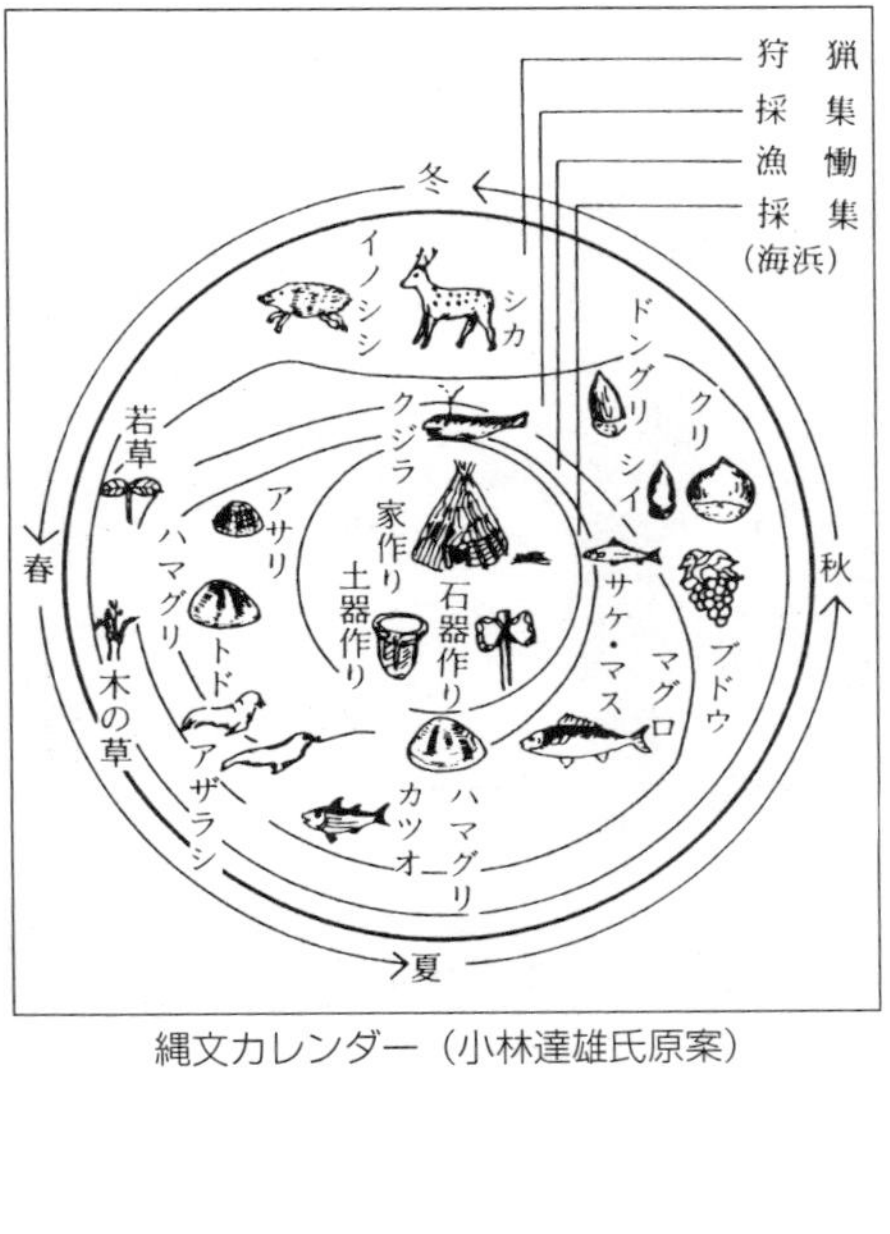

縄文カレンダー（小林達雄氏原案）

明された、と報道された。ところが、発掘から六年間のあいだに出土物を詳しく調べられた結果、必ずしも縄文カレンダーどおりになっていないことが判明した。

粟津貝塚も石山貝塚と同様、大部分がセタシジミで全体の七八・三％をしめる。次に多いのがカワニナやタニシの巻き貝で、どれも食糧にされたものである。セタシジミは、店頭で売られているものにくらべて大きく、三センチメートル前後のものがほとんどで、四センチメートルを超すハマグリのようなのもあったという。ところで二枚貝を刃物で縦に割って顕微鏡でみると、断面に木の年輪のような細い線が見える。これは貝の成長線といって、普通一日に一本づつ増えるという。成長線は季節によって幅に大小ができることや、水温の低い冬は成長が止まることなどから、これを調べたら貝が死んだ（採られた）季節がわかるという。そして分析の結果、粟津貝塚のセタシジミはおもに七〜九月に採られていることがわかった。

魚では琵琶湖に棲んでいる、フナ・コイ・ウグイ・モロコなどのコイ科が六一・二％で、ギギ、ナマズ、アユと続く。コイ科ではフナが六割以上占め

粟津湖底第三貝塚の貝類（滋賀県教育委員会）

ることから、全体の三七%がフナだったことがわかった。ほかにもオイカワ・ムツ・ハスなど、今も捕れる魚とほぼ同じである。ナマズには、ビワコオオナマズも含まれていた。ナマズやギギをのぞいたほとんどの魚は、湖岸のヨシや水草の生える浅瀬に産卵にくるのを捕まえたらしい。ところで、フナなどコイ科の魚は喉ボトケの骨で種類が見分けられる。その分析では、今から四〇万年前には絶滅したと言われていて、化石でしか残っていないクセノキプリスという魚の喉ボトケが見つかって、シーラカンスのように「縄文時代の生きた化石」と、大反響を呼んだのである。

は虫類は少ないが、カエル・ヘビ・カメ・スッポンがあった。一番多いのがスッポンで、四八個体分の骨があった。鳥類では、キジ・サギ・ハクチョウだけで量も少ないので、ほとんど食べていなかったようである。

ほ乳類では、ニホンザル・ノウサギ・オオカミ・

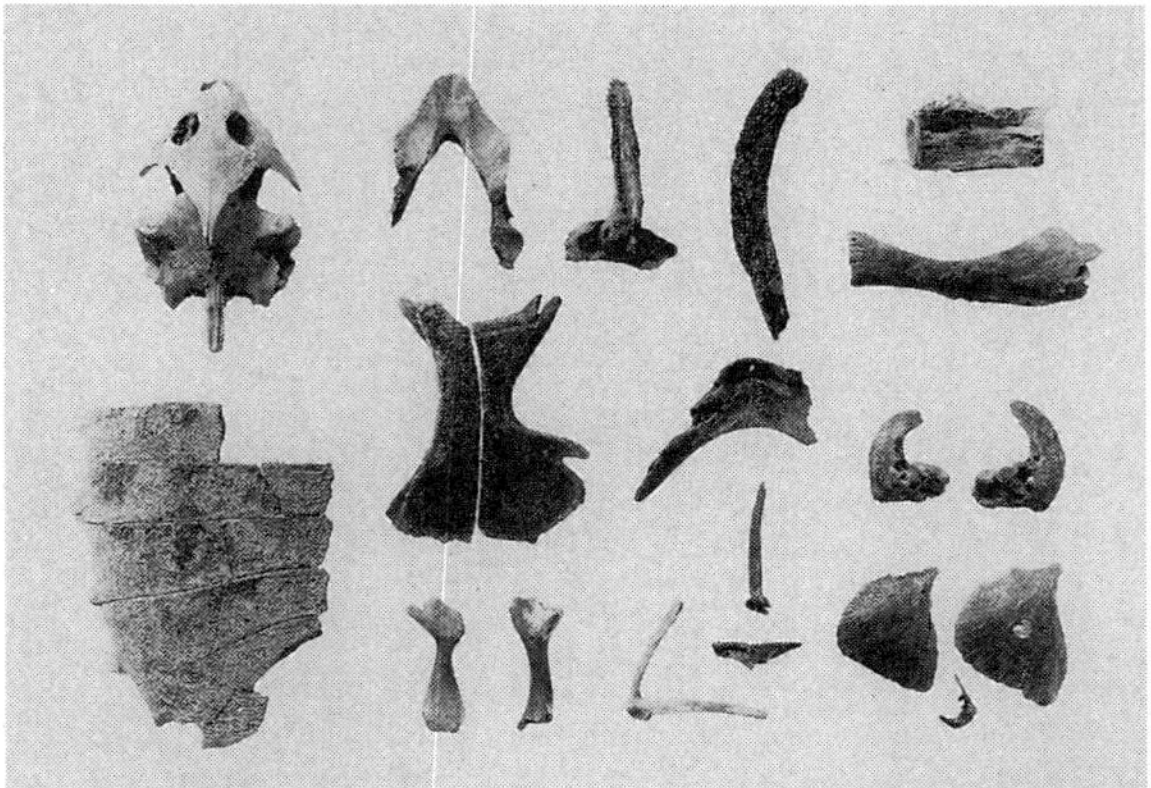

粟津湖底第三貝塚のスッポン・魚類の骨（滋賀県教育委員会）

タヌキ・イヌ・ツキノワグマ・カワウソ・イノシシ・ニホンジカ・カモシカがあった。魚介類を除いた比率では、イノシシが三一・五%、スッポンが一七%、ニホンジカが七・五%となり、粟津縄文人はボタン鍋・スッポン鍋・サクラ肉と、現在の高級食材を食べていた美食家だったのがわかる。また、太い骨のほとんどを割って骨髄まで食べていたこともわかった。もちろん毛皮は防寒服に、骨やキバは釣り針や飾りに加工されただろう。せっかく捕まえた大切な獲物だから、捨てるところがないほど様々な利用をしたのである。まさに自然に生きる極意である。

狩猟は普通冬場に行われると思われ、縄文カレンダーでもそう描かれているが実際はどうだったのだろう。一番よく食べられたイノシシは、下アゴの奥歯を調べることによって年齢や捕れた時期が推定できるという。それによると、夏に捕獲されたイノシシも含まれていたので、冬に限らずできるときは一年中狩りもしていたことがわかった。

植物食糧では普通、ドングリとよばれるカシ類、クヌギ、カシワなどが全体の四割近く、次にトチノキが約三割、淡水に生えるヒシの実が三割近くと、この三種類で占められる。そしてドングリでは、あまりアク抜きのいらないイチイガシがほとんどだということで、当時まわりの森林には、イチイガシが生い茂っていたことが想像できる。

トチノキは今も山村で食されることがある。トチノキは実が大きくカロリーも高いが、アクが

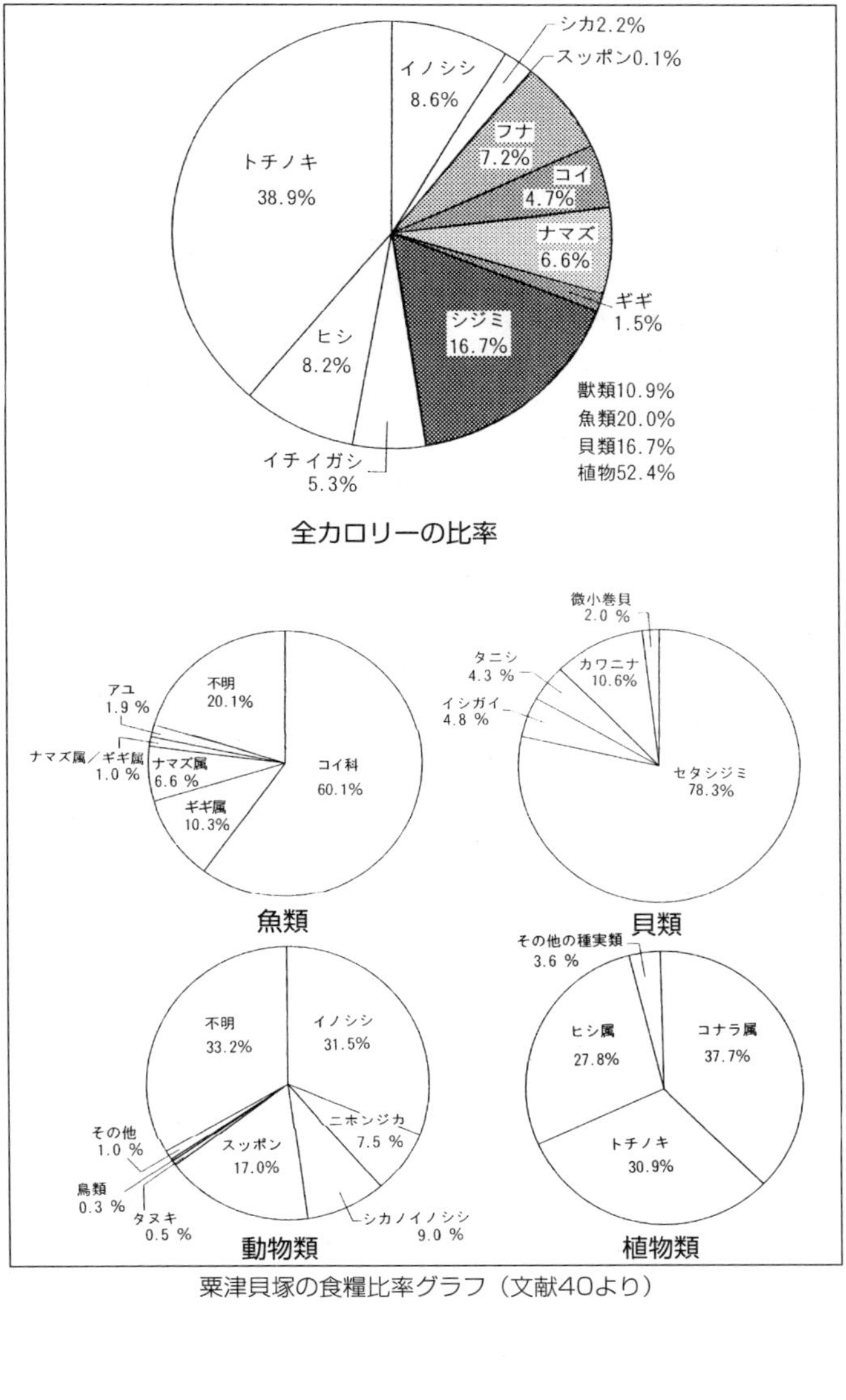
シカ2.2%
スッポン0.1%
イノシシ 8.6%
トチノキ 38.9%
フナ 7.2%
コイ 4.7%
ナマズ 6.6%
ギギ 1.5%
シジミ 16.7%
ヒシ 8.2%
イチイガシ 5.3%
獣類10.9%
魚類20.0%
貝類16.7%
植物52.4%
全カロリーの比率
不明 20.1%
アユ 1.9 %
ナマズ属／ギギ属 1.0 %
ナマズ属 6.6 %
ギギ属 10.3%
コイ科 60.1%
魚類
微小巻貝 2.0 %
タニシ 4.3 %
カワニナ 10.6%
イシガイ 4.8 %
セタシジミ 78.3%
貝類
不明 33.2%
イノシシ 31.5%
ニホンジカ 7.5 %
その他 1.0 %
スッポン 17.0%
鳥類 0.3 %
タヌキ 0.5 %
シカ／イノシシ 9.0 %
動物類
その他の種実類 3.6 %
ヒシ属 27.8%
コナラ属 37.7%
トチノキ 30.9%
植物類

粟津貝塚の食糧比率グラフ（文献40より）

強いので食糧にされるのは、他のドングリより遅かったようである。これまでトチノキ食は、縄文時代後期（約四千年前）より後のことといわれていたが、この遺跡発見で、ずいぶん早かったことがわかった。ちなみにこの貝塚出土の食糧全体から、栄養価（カロリー）の比率が計算されていて、トチノキが四割近く、ついでシジミが一六・七％、イノシシ八・六％との結果が出ている。魚も合わせて二割を占め、非常にバランスの良い食生活だったことがうかがえる。他にもクルミやシイ・カヤなどがあるが、先にお話しした縄文時代早期（約九五〇〇年前）に比べて、クリが極端に少ないのが不思議である。早期初めから中期までの四千年ほどの間に少し気候が温暖になり、クリの森が緑濃いカシの森に変わったのかもしれない。また、ヤマモモ・マタタビ・サルナシ・ノブドウなどの果物も食べていたようである。ヒシの実は今も水辺に繁茂しており、きれいな湧き水よりもややよどんだ内湖や溜め池で見ることができる。筆者の親の世代は溜め池の水辺で集め、ゆでておやつにしたという。これまで縄文人の主食としてドングリばかりが注目されてきたが、湖岸にある縄文ムラの食糧の三割近くがヒシの実だったことは、縄文人がその土地の条件や自然環境になじんで、生活を営んできたことが証明されたわけである。

次に、人工遺物では土器・石器・土偶・装飾品などがある。土器には北陸や東海地方のものが含まれており、五千年前の広い範囲の交流がうかがえる。石器ではやじり・ナイフ・魚網おもりのほか、ドングリの皮むきなどに使う磨石や石皿がたくさん出土している。骨角器ではヤス・釣り針のほか、装飾品として骨に彫刻をほどこした美しいペンダント、貝のブレスレット、シジミの殻に穴をあけた首飾りなどがある。珍しい装飾品には、真珠の粒・琥珀《こはく》の玉など宝石、漆塗り木の腕輪・飾り櫛・クルミのペンダントがあり、赤漆塗りの飾り櫛（結歯竪櫛）は日本で二番目に古い逸品である。ほかにも編みカゴやヒモなど、低湿地貝塚ならではの出土物が豊富に見つかっている。

さて、粟津第三貝塚をざっとみてきたが、そこには五千年前の縄文人の食べ物と生活用品が、新鮮なまま真空パックされていた。同じ場所で見つかった九五〇〇年前のクリ塚に比べ、ずいぶんいろいろなものが出土し、その間のゆったりした時間の中にも、豊かさをめざした人間の前進する姿が見えたのではないだろうか。

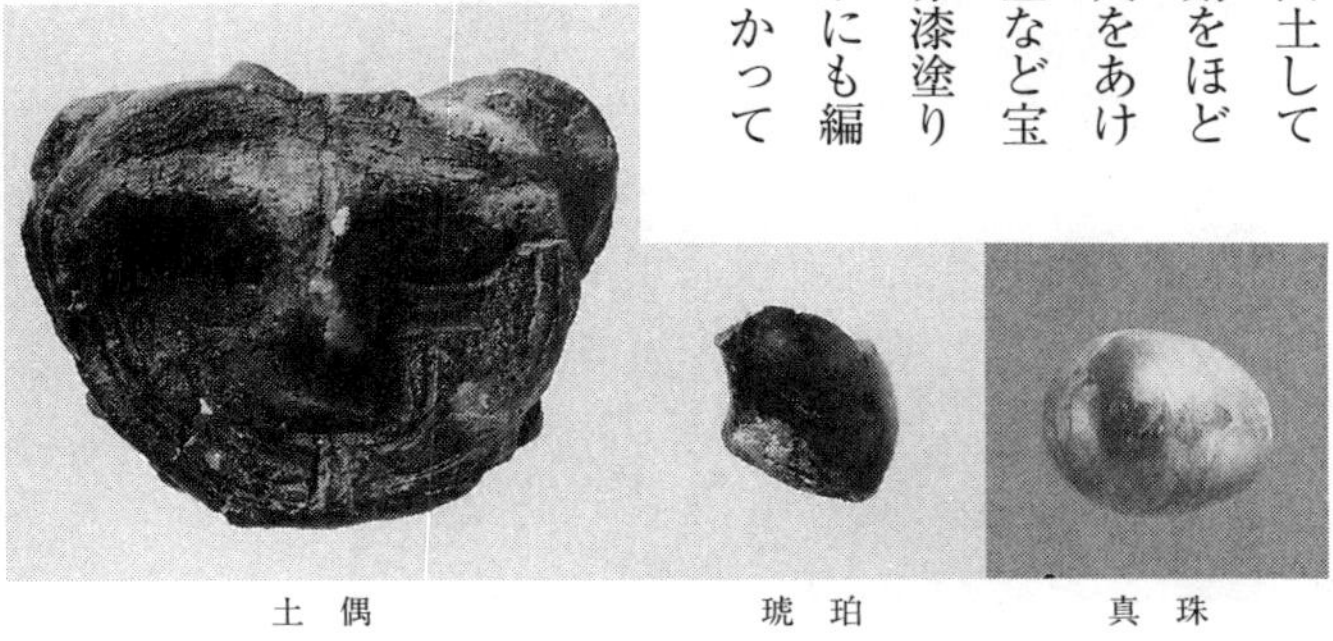

土偶　琥珀　真珠

粟津湖底第三貝塚の土偶・琥珀・真珠（滋賀県教育委員会）

COLUMN 8

縄文レシピ1 ドングリクッキー

美味しい縄文料理の手始めに、簡単にできるドングリクッキーを紹介しよう。ドングリクッキーやパンは、炭化物として日本各地で見つかっているが、縄文時代のものは動物脂や卵などを混ぜた栄養価の高い食糧だったようである。

ここで紹介するクッキーの材料は、アク抜きの済んだドングリならなんでもよし。アク抜き方法は前に解説したとおりで、種類を調べてからやろう。アク抜きが面倒ならば、神社のスダジイや公園のマテバシイを拾い集め、水に浸けて虫食い選別のあと、かるく煎って使うとよい。ほかの材料は次のとおりだが、今風に美味しく食べるために小

ドングリクッキー

麦粉・砂糖は欠かせない。

ドングリ（皮をむいて水に戻したもの適量）、薄力粉（ドングリと同量）、マーガリン（薄力粉の半量、植物油なら何でも）、砂糖（薄力粉の半量より少なめ）

一、ドングリは柔らかくして、まな板の上で細かく（二ミリ程度に）刻んでおく。大きいと硬くて歯が立たない。

二、薄力粉をふるいで通したものに、マーガリンを入れて手でよくこねる。

三、練ったものに砂糖を少しずつ入れ、またこねる。

四、次に刻んだドングリを加えて練りこみ、まとまってきたらタネのできあがり。

五、タネを匙ですくい取るようにオーブンにならべ、フォークで縦横におさえて五ミリ厚にし、一七〇度で一六分焼き上げる。余熱を忘れないように。

このほかに、アク抜き後の乾燥ドングリを石臼で粉にして使い、薄力粉の分量を減らす本格的なやり方もあるが、手間がかかる。この方法で簡単に、充分、野性味あふれるドングリクッキーのできあがり。

3 やさしい魚とり

エリとヤナの歴史[41][42]

琵琶湖周辺を歩くと、湖岸から弓矢の形につきだしたエリと、川をダムのように堰き止めたヤナを見かけることがよくある。どちらも淡水域で行われる魚捕りの仕掛けで、近江独特の風物詩といってよく、夕映えのなかエリの竿に野鳥が羽を休める様などは、何ともいえず風情がある。

この二つの仕掛けは、魚の習性を生かした「待ち型」の魚捕り装置である。しかし古代の遺跡からこのような遺構が見つかることは珍しく、筆者が知る限り日本中で一〇例もない。また、発掘されていてもエリとヤナが混同されて、間違ったまま報告されることがある。エリは魚が湖岸近くを回遊する習性を生かし、水深三〜五メートルほどの岸近くに、上から見て矢の形に竿を数百本も打ち込み、そこにエリ簀を張った仕掛けである。基本的に湖や内湖などで水の流れの少ないところに仕掛けるが、湖北のびわ町地先には河口部に作られた川エリもある。このエリ簀を編むのに石や木のおもりを使って、もじり編みするのである。

現在、大きいエリは二・三〇〇メートルを越すものもある。矢の形の端には何段かに分けて少しづつ小さな袋状のツボ（魚だまり）をつくり、後に戻れないようにしてある。回遊する魚はエリの簀にさえぎられてひとりでにどんどん奥へ追い込まれ、やがて一番最後のツボにはいるのである。ツボの魚を漁師はたも網ですくい、簡単に捕まえるのだ。現在では主に、アユの稚魚を捕まえるそうだが、以前は琵琶湖の魚を何でも捕まえたらしい。また戦後しばらくまでは主に竹竿を使っていたらしいが、F．R．P．製品など化学製品が出はじめると耐久性の面から一気に普及し、現在は竹竿を使うことはなくなった。ちなみに漁師にとってエリを建てることは、三・四千万円もかかる大事業だといわれる。

遺跡でエリと報告されているものに、静岡県浜松市伊場遺跡で川の隅につくられた平安時代のものがあるが、真四角の形と一・二メートル四方という大きさからみてエリとよべるものでなく、魚の生け簀のようなものである。だから厳密には、エリは遺跡でまだ発見されていないのである。

また文献に登場するエリでは、今から千年ほど前の平安時代の歌集『曽舟集』に、

中の春二月のはじめ

さくきつにすがきさほせり春ごとに

えりさす民の仕業ならしも

という和歌があり、最も古い記述である。

一方ヤナは、基本的に川の中につくる仕掛けである。川の流れを利用し、かつ魚の習性を生かして、作り方に大きく二種類のヤナがある。一つはアユやマスのように、産卵に川をさかのぼる魚の習性を利用して捕まえる「上りヤナ」である。もう一つは逆に、下っていく魚を捕まえる「下りヤナ」である。現在近江の河川ではすべて上りヤナで、筆者も今から約一七〇〇年前の古墳時代始めの上りヤナを、能登川町斗西《とのにし》遺跡[43]で発掘したことがある。

ヤナは古いものでは、縄文時代からあることがわかっている。岩手県盛岡市萪内《しだない》遺跡では、後期終わり（約三一〇〇年前）の漁労遺構が見つかっていて、報告ではエリとされている。全長七メートルほどで、川の上流側に「ハ」字に開いた形で杭を打ち巡らし、下流側に直径三メートルの袋状に杭を回し魚のツボにしている。川の流れに乗って下る魚を捕る仕掛けであるが、ツボをもつ点では川エリに類似する。

また、筆者の発掘した斗西遺跡のヤナは、現在のヤナと作り方がそっくりだった。川を横断して三列に杭を打ち、そこに葭を編んだ簀を斜めにたてて、簀の間から迷い込んだ小魚を捕る仕掛けである。簀には細目と荒目があって、川をさかのぼる魚が荒目と細目の間で逃げられなくなる、

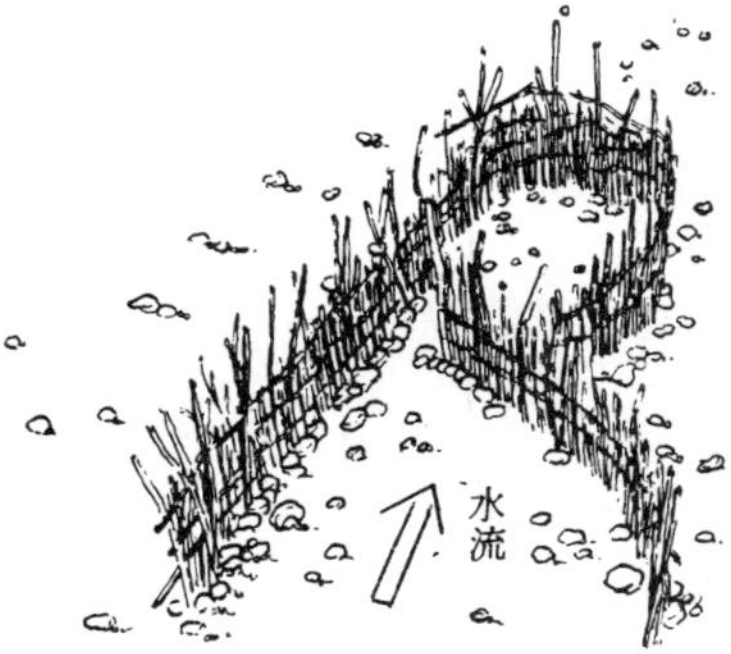

萪内遺跡（縄文後期）文献より

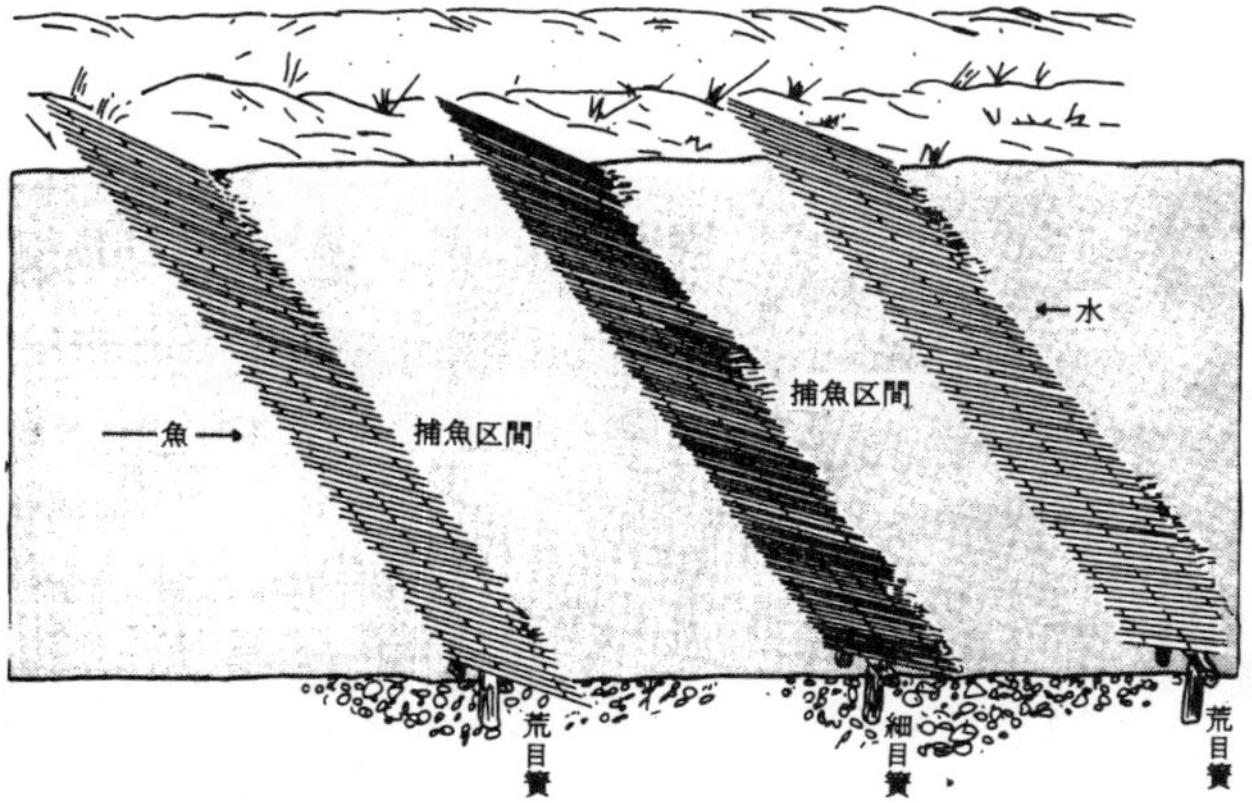

斗西遺跡（古墳前期）文献より

漁労遺構復元画

単純な仕組みである。

　文献に見るヤナは、『日本書紀』神武三年と天武二九年のくだりに「簗」の記述がある。天武記の内容は、諸国の狩猟・漁労者に幅の狭い細目の簀を使うのを禁じたもので、細目の簀で稚魚が乱獲されるのを防ぐために、現在でも通じる禁令である。一方、近江には平安時代中頃（約千年前）以後、和邇《わに》・瀬田・筑摩に朝廷へ淡水産物を献納する「御厨《みくりや》」が設置されていた。さらに田上には「網代《あじろ》」が別にあって、これは瀬田川につくられたヤナである。そして、貴族など特権階級にならって、在地の神社や守護まで、各地に競ってヤナをつくったといわれている。ヤナは古代、よほど魚が捕れた効率的な仕掛けだったのだろう

ヤナ風景（米原町天野川）

現在、近江では川を堰き止めた「カットリヤナ」が、天野川下流（米原町）や安曇川下流（安曇川町）でみられる。最盛期の夏には、両側の魚道をアユの黒い群がうねるようにあがり、おもしろいほどツボに落ちる。それでも漁獲高は年々減っており、一時ほどの賑わいはないという。近江は、淡水漁業をリードしてきたところである。いまのところ縄文時代のヤナやエリは見つかっていないが、近江のどこかに今も眠っていて、いつか必ず「大発見」されることを筆者は楽しみにしている。

石おもりとウケの川漁

エリとヤナが大がかりな仕掛けで魚を捕るのに対し、川漁のもっと簡単な方法に網漁と釣り漁がある。どちらも基本的な魚捕りの方法だが、いまでは釣りの方はレジャーになってしまって、琵琶湖では釣り漁で生計を立てられない。一方、網漁は春から夏のアユやモロコなどの小魚からコイ・フナなどの中型魚まで捕る、刺し網漁が盛んに行われている。この網のおもりが、県内の縄文遺跡を発掘しているとたくさん出土する。

網おもりは、主に細長い石の両端に擦り切りで溝をつけたり、打ち欠いて紐掛けをつくる石おもりと、土器のかけらを楕円形にしてくくりつける土器おもりがあり、近江では石でできたものが多い。一番古いのは、石山貝塚の縄文時代早期中頃（約八千年前）のもので、全体では二四遺跡五五〇点以上あると思われる。特に中期終わり(約四二〇〇年前)頃にはたくさん使われるので、この頃河川での網漁が盛んだったことがわかる。中でも浅井町醍醐遺跡では、一六九点と最も多く出土している。また伊吹町起し又遺跡でもたくさんの石おもりが見つかっている。どちらも内陸部や山間部の遺跡であることから、石おもりは川の漁でよく使われたことがわかる。[45]

もう一つ川での魚捕り道具に、竹ヒゴなどで編んだ籠を使ったウケ漁がある。これは田んぼに水を引く水口などに仕掛けて一昼夜おくもので、近江では「ノド」などともよぶ典型的な待ち漁である。ウケで魚を捕る方法は「水田漁業」のひとつで、日本には弥生時代（約二四〇〇年前）に稲作と共に伝わったといわれている。実際、いまのところ東大阪市山賀《やまが》遺跡のもの（約二三〇〇年前）が最古で、縄文時代にウケ漁はなかったというのが定説である。[46]

しかし、竹や細枝を使ってウケを編む技術は縄文時代に完成していた。[47]その古い例が近江に二つあるのだ。一つは先に話した粟津第三貝塚から、約五千年前の編み籠が出土している。だがこれは保存状態が悪く、実際に取り上げることは難しかったようである。もう一つは米原町筑摩佃遺跡で、これも約五千年前の籠である。大きさは〇・六メートルで、形は口がすぼまる底の広い袋状になっている。タテとヨコの細い枝を互いにくぐらせる網代編みで、口の部分は桜の皮で巻き止めしてある美しいものだ。この二つの籠は、いまのところ縄文前期（約六千年前）の熊本県曽畑貝塚の籠に次いで、日本で二番目に古い編み籠である。ウケでの魚捕りはまだ証明できないが、捕れた魚をこのような籠に入れたことは想像できる。エリやヤナと同様近江で、将来の大発見は大いに期待できる。

筑摩佃遺跡のカゴ（米原町教育委員会）

COLUMN 9

土器底の職人わざ

縄文土器底の裏を見ると、たてよこに植物ヒゴを編み込んだ痕の付いていることがよくある。これは網代《あじろ》圧痕といい、籠など編み物の痕が製作途中で付いたものである。植物幅には二ミリほどの細いものもあり、たてよこのくぐらせ方で一〇種類以上の編み方がわかる。籠以外にもこの方法で編んだ敷物があって、半乾きの状態でその上に置いたとき付いたものであろう。漁業に必要な魚籠《びく》もこのように編まれていたとみえるが、植物は残りにくいので編み籠はほとんど見つからない。しかし土器底に残された痕から、縄文の職人技がみられるのである。

ところで、籠編み技術は確実に、前期の熊本県曽畑貝塚までさかのぼれるが、網代圧痕の土器は前～中期にはほとんどなく、後期になって急増する。この時期に何らかの技術革新があったのはまちがいない。また弥生時代以後の土器に、ほとんど見られないのも不思議である。網代編み技術は、縄文人の専売特許だったのだろうか。

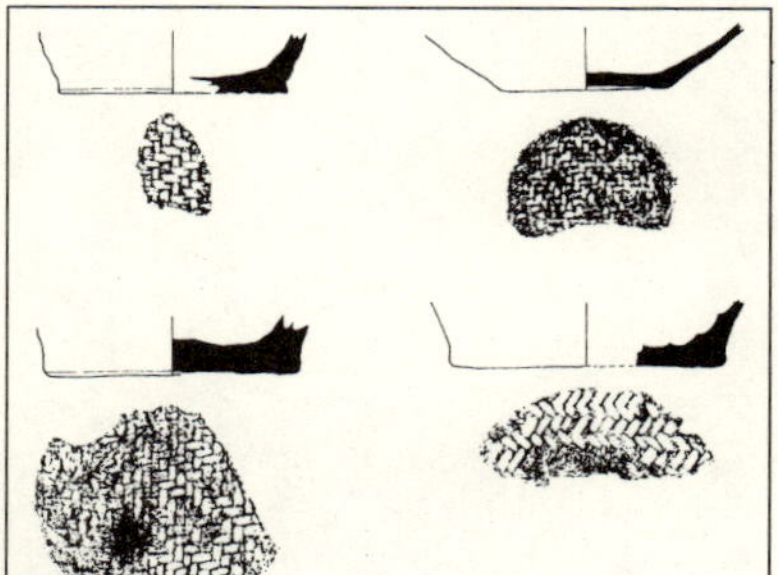

正楽寺遺跡の網代圧痕土器

第三幕◉　水と森と平野の狩人

1　水辺に暮らす

湖上の灯台守……米原町磯山城《いそやまじょう》遺跡(48)

琵琶湖岸を周回する通称さざなみ街道（湖周道路）は、重要な産業道路にもなっている日々の交通量が多い道路である。琵琶湖総合開発の湖岸工事で道幅も確保され、おまけに信号も少ないのでスムーズに走行できる。県内きってのワインディング・ロードで、気候のよいときなど格好のドライブコースでもある。この道を彦根から北上し、彦根港・松原浜を左手に過ぎるあたりから、眼前になだらかな小山が横たわるのが見える。坂田・旧犬上郡境の磯山である。山の尖端は琵琶湖に落ち込んで岬となり、道路はこれを迂回するように大きくカーブする。ここを越えると坂田郡米原町にはいり、漁村のおもむきが残る磯・朝妻筑摩の集落など、風景もにわかに湖北の色が濃くなってくる。かつては磯山の南側に丸木舟がたくさん見つかった松原内湖、北側には入江内湖があったところで、西には琵琶湖がひろがる。湖が一番幅広いところにあたり、ここから

磯山遠景

の琵琶湖は絶景で、まさに茫洋たる海を見るようである。

磯山は標高一五九・五メートルで、琵琶湖の水面からは約七五メートルの高さにある。頂上からは四方を見わたせ、湖につきだした最高の見張り台である。名前の由来のとおり以前から中世の山城があると伝えられていたが、昭和五八・五九年に水道浄水場建設に先立って北の尾根が発掘されたところ、予想に反して縄文時代の遺跡が見つかったのである。

まず山頂の貯水タンク予定地からは、今から九千年も前の縄文時代早期前半土器が出土した。とんがり帽子を逆さに向けたように、底の尖った高山《こうざん》寺《じ》式とよばれる土器である。復元された口の直径は六二センチメートル、高さは四四センチメートルもあり、厚みは二センチで八五〇〇年ほど前の高山寺式《こうざんじ》という縄文土器だった。そのあとさらに、山裾の管理棟予定地部分からも縄文土器が出るわ出るわ、とうとうここからは早期から晩期まで六千年間の土器が、どっさり出土したのである。高山寺式土器は近畿地方によく出土するが、ほかの早期の土器はおもに東海地方から東日本に多い粕畑式《かすはた》土器などで、東日本との関係が濃いようだ。さらに、縄文時代前期から中期末（約六千～四千年前）でも関東・中部・東海・北陸の各地方の土器が、バラエティー豊かに出土しているのである。なかでも信州の山岳地帯に多い狢沢式《むじなざわ》土器は、粘土や文様のつけ方からみて信州から持ち運ばれた可能性が高いという。

磯山城遺跡の高山寺式土器（米原町教育委員会）

また同じ山裾の地表下三メートル、湖面からは約二メートル低い水の湧くところで、屈葬人骨が二体出土した。早期末ごろの土器と一緒に出たので、約六三〇〇年前の縄文人骨である。地下水に守られていたので、とてもよく残されていた。二体は同じ場所に葬られていたらしいが穴は見つからず、湿地の中に直接土をかけて葬っていたようである。骨の一つは上半身がない成人の男性で、仰向きに折り曲げられていたとみえる。もう一体は腰のあたりで、これも仰向きに二つ折りに曲げられて屈葬にされており、鑑定で三〇後半から四〇歳代の男性で、身長は一六五〜一七〇センチメートルと判定されている。この人骨は折り曲げられ方からみても特異な屈葬であるが、湿地帯に「投棄に近い状態」で葬ったと考えられており、正楽寺ムラで川底から見つかった人骨とそっくりである。正楽寺ムラでは、廃棄の川をモノとヒトの再生の場所という説明をしたが、縄文時代を通じてこのような風習があったのは間違いなさそうである。

さて磯山城遺跡では、石皿やすり石・石棒など縄文遺跡に共通の石器が出土しているが、やじりやナイフ類・石錐などもたくさん出土している。前にも話したとおり、やじりの多くはサヌカイトという硬い石からつくられ、近江ではこの石が主に奈良県と大阪府の境にある、二上山から運ばれているのが一般的である。しかしとれる山によって、石の中のカルシウムやカリウム・鉄などの元素量の組み合わせに、違いがあることがわかってきたのである。これは蛍光X線分析とよばれる方法で、京都大学原子炉研究所の藁科哲男氏らが考古学資料に適用したものだ。この方法で磯山城遺跡のサヌカイトと黒曜石を調べたところ、サヌカイトは二上山産がほとんどだが、黒曜石は島根県隠岐島の久見でとれたものとわかった。[49]

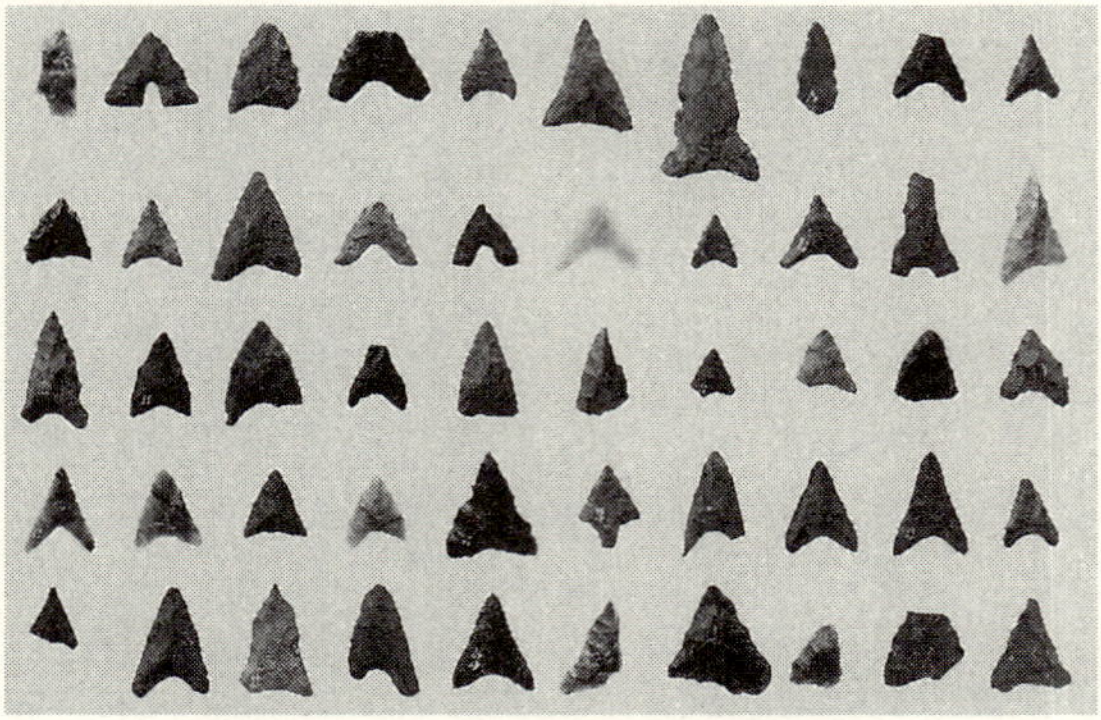
磯山城遺跡のやじり（米原町教育委員会）

さらに担当者は前述の筑摩佃遺跡の石器も調べたところ、サヌカイトは二上山と香川県金山から、また黒曜石は東京都神津《こうづ》島と長野県霧ヶ峰から運ばれたものとわかった。直線距離で霧ヶ峰から約二〇〇キロメートル、金山からは約二六〇キロメートル、神津島と隠岐島からはほぼ三〇〇キロメートルもある。その間には荒海あり険しい山ありで、今の私たちが乗り物で移動するのとわけがちがうのだ。はたしてどんな手段で、石器の原石はここにたどり着いたのだろうか。また、なぜここに様々な地域の石器が集まるのか、疑問の残るところだ。

この一案として、石器の移動には専用の流通ルートがあって、ルートの要所・要所に流通センターのようなものがあったと考えよう。つまり現在の宅配便のしくみと一緒である。荷物は何カ所かのセンターを、ピストン式に運ばれる。一台のトラックが依頼者から受け取り者まで直接運ぶのでなく、何人もの手を渡って届けられる仕組みである。磯山と筑摩佃の縄文ムラは、一キロメートルほどの距離にあって視界を遮るものは何もない。様々な地方の石材が運ばれた湖岸の筑摩佃ムラは、石器の流通センターだったのではないだろうか。そして磯山は荷物を満載して湖上を渡る丸木舟を導いた、灯台（のろし台）だったと想像できるのだ。また湖岸沿いを歩いてこの岬を目指せば、道に迷うことなく東西南北どこからでも必ず着くことができる。磯山の山裾には見張り役の仮住まいがあり、筑摩佃に家族の住むムラがあったとすると、いろんな疑問が解決できる。

　いうまでもなく米原は、古来より交通の要所である。奈良・平安時代以後、近江は東山道の出発点で、都から見てこ

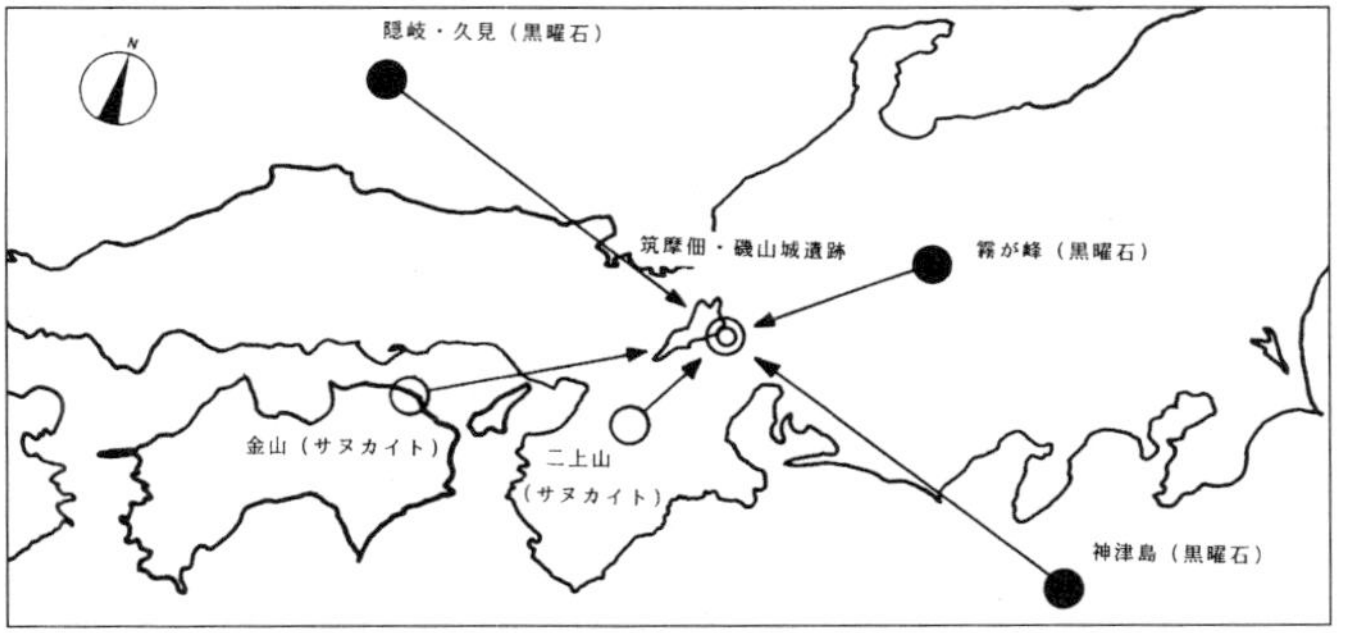

石器石材の動き（文献49より）

こから東国・辺境の始まりだった。いまでも米原から北陸線がはじまり、東海道線との重要幹線をわける所である。一方、中世には湖東の良港として朝妻筑摩の港が栄えたという。ここは山とうみ（湖・海）を結ぶ重要な結節点なのである。磯山で五千年ほど前の関東・中部・北陸・瀬戸内の土器が、筑摩佃でそれらの土地の石器が出土するのは当然の結果といえる。そして石器は、またここから琵琶湖周辺の各地のムラに、運ばれて行ったと思われる。

ところで、地名の由来を研究する吉田金彦氏は、よく遺跡を歩く人である。たびたび私の調査する発掘現場に来られて、近江の地名にアイヌ語に通じるものがあるというお話をされた。(50) そのなかに、「米原の磯山からはもうコシ（越）ですよ」と言われたことがある。まだ肌寒い三月のおわり、磯山の岩場ちかくに車を止め湖上を見渡してみると、残雪の湖西の山並みが、あおい湖上にくっきり浮かび上がっていた。縄文時代からいままで、多くのひとの希望がここを通り過ぎていったことを思い、ここから先はやはり「コシ」なのだと素直に納得できたのである。

泉のほとりの縄文ムラ……安土町上出《かみで》A遺跡(51)

県内で最も古い、縄文前期後半（約五三〇〇年前）の竪穴住居が見つかった上出A遺跡は、安土町中屋および上出集落の南にある。安土駅からは東方向の町役場に向かい、役場のある竜石山の切り通し（南腰越）を越えると、ほ場整備されたばかりの田んぼがひろがる。この南方一帯が上出Ａ遺跡である。車では国道八号が新幹線と併走するあたりの、「西生来《にししょうらい》」の信号を湖側に折れた左手にひろがる。北と西側は竜石山につらなる繖山がひかえ、新幹線と国道八号の東には箕《みつ》作《くり》山があり、小さな盆地風景のところだ。

発掘調査は蛇砂川の河川改修にともない、平成八年におこなわれた。標高九七〜九九メートルで、二層の縄文時代の遺構が発見された。一層目に見つかったのは晩期末ごろ（約二五〇〇年前）のお墓一三基で、土器に葬った土器棺である。ここで注目するのは、さらに一・五メートル掘り進んだ二層目の、前期後半の竪穴住居六棟の発見である。竪穴住居はどれも直径四メートルまでの円形で、後期以後に作られる竪穴住居よりずいぶん小さい。深さは三〇センチメートル程度が多く、中には四〜六本の柱穴が並ぶ。ただし炉は見つかっていない。また住居のまわりには柱穴や貯蔵穴がたくさんあって、中からは土器や石器が出土している。

出土物で珍しいものは、穴の一つから発見された蛇紋岩《じゃもんがん》という石でできた、けつ状耳飾りである。蛇紋岩には緑系を中心にいろんな色があるが、これは白に灰色が混じったような感じでちょっと変わっている。耳飾りの話は第一幕でしたが、直径五センチメートル・厚さ五ミリメートルぐらいに整え、真ん中をくりぬいて耳たぶにさせるよう切り込みを入れている。他にもう一点、

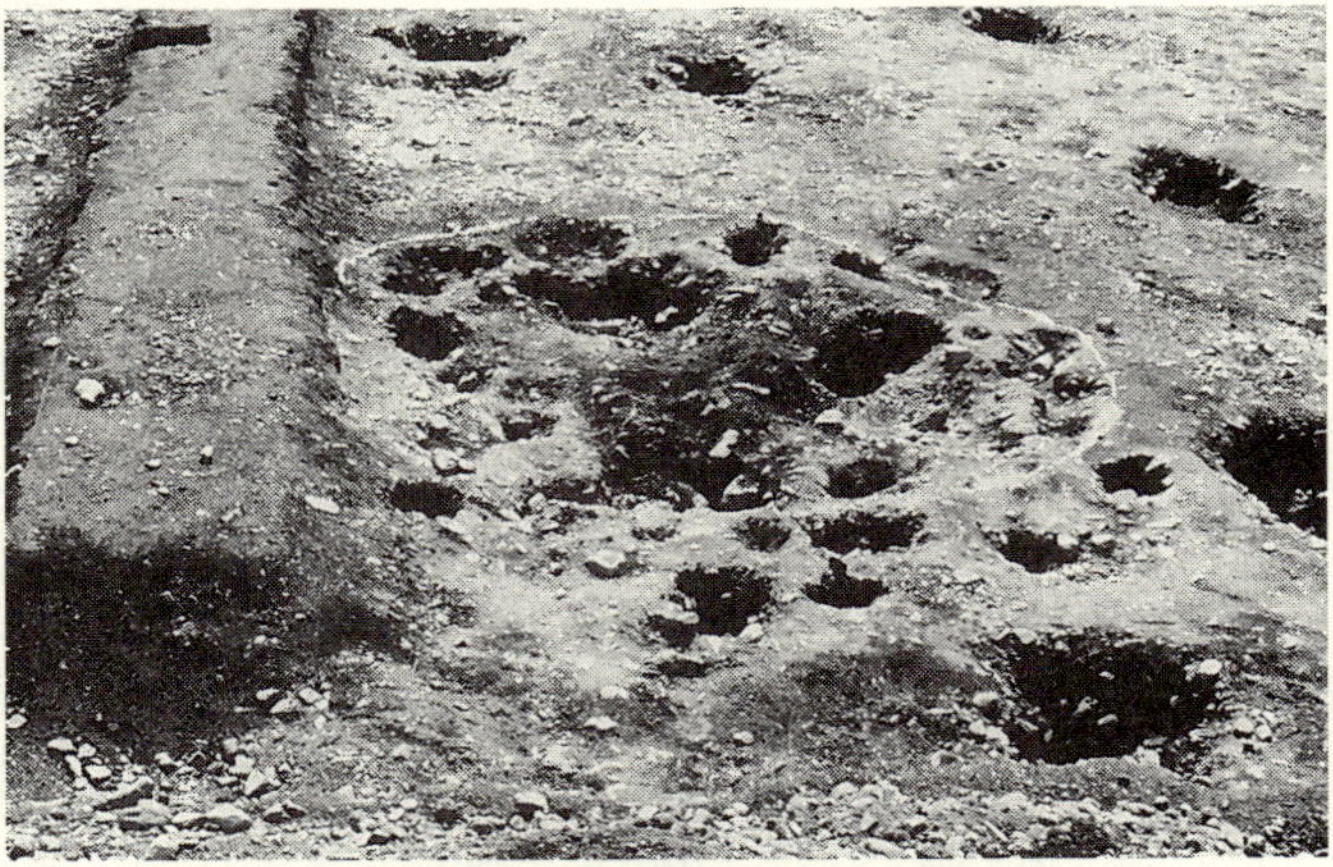

上出Ａ遺跡の住居跡（滋賀県教育委員会）

蛇紋岩製の耳飾りが折れたものを、穴をあけてペンダントに作り直したのもある。

さて、ここはほ場整備と河川改修が済み、今は見通しの良いどこにでもある殺風景な田園地帯になってしまったが、以前の風景に縄文人のにおいがあったのを記憶している。一九八二年の冬、当時筆者が調査補助員でつとめる安土町教育委員会では、町内の遺跡分布調査をしていた。分布調査は、地下に遺跡のある場所を調べる作業で、田んぼや畑などを歩いて土器や石器が表面に落ちていないかを見るのである。来る日も来る日も田んぼの黒い土をにらんで、土器のかけらを拾い集めていたある日、中屋集落から竜石山ともう一つの小山のあいだの古い切り通しを越えて、山の南側へ踏み込んだときのことである。そこにあった光景は、シラカンバの自然林が生い茂り、林中に二本の川が複雑に蛇行していて、逆光にうす色の朝もやが立ちこめていた。手が入れられていない川と河辺林があり、覗くと水草の間を黒い魚影が行き来している。あたりは愛知川の伏流水が、山塊に遮られて湧きだす泉だった。その泉わきの田んぼで一本のやじりを拾った。山裾に湧く泉とサヌカイトのやじりは、考古学を始めたばかりの調査補助員にも、縄文ムラのにおいを感じさせたのだった。

この遺跡の発掘が始まって縄文時代の遺跡が出たことを聞き、「やっぱり」とひとり大きくうなずいた。一五年ぶりに現地を訪れ、調査担当者の案内で縄文時代前期の竪穴住居を見学した。そして調査地の南側が少し下っているのを見つけて尋ねると、「川のような落ち込み」だという。すかさず「泉のほとりの縄文ムラ」のことを思い出した。かつて縄文研究の先達、慶應義塾大学名誉教授江坂輝弥氏が言われた、(52)美しい泉のほとりの縄文ムラそのものが目の前にあったのだ。

工事が済んで以前の面影はあとかたもなく、今はただまっすぐ続く農道と四角い田んぼが延々とあるだけである。溢れでた泉はコンクリートの川に変わったが、寒椿の枝が下がるうす暗い切り通しを越えたむこうに、いまも縄文人の息づかいが聞こえてきそうである。

川のほとりの縄文人……大津市穴太《あのう》遺跡(53)

大津市北郊の坂本は、比叡山の山裾がなだらかにくだり、わずかの平地を残して琵琶湖に落ちる坂ばかりのまちである。山懐にはたくさんの古寺・名刹がたたずみ、なかでも日吉大社界隈の苔むした石垣の里坊群は、今もいにしえの夢にいざなうところだ。

このわずかな平地に、北陸と京阪神を結ぶＪＲ湖西線が走り国道一六一号が横切るが、車社会の到来で道路は慢性的な渋滞が生じていた。早くも昭和三九年には一六一号バイパスの最初の計画がなされたが、予定地内には予想外にたくさんの遺跡があって、次々とその重要な内容が判明された。ミニチュアカマドを出土する渡来系の福王子古墳群、南滋賀廃寺などの瓦を焼いた榿木《はんのき》原《ばら》遺跡（瓦窯跡）、建て替えられた穴太廃寺跡などである。そして下阪本町付近の、バイパス道がＪＲ湖西線に寄り添うあたりで、昭和五七年に今から三五〇〇～二五〇〇年前の縄文遺跡が見つかったのである。

縄文時代遺跡はたび重なる土石流におおわれて、地表の下約五メートルも深いところにあった。遺跡の標高は八八メートルあたりであるが、まさに西日本特有の縄文遺跡である。当時の地形も現在と同じで南西から北東に傾斜していて、複数の川跡とそのほとりに竪穴住居や配石遺構など

穴太遺跡（滋賀県教育委員会）

があった。
この遺跡が縄文ムラとしてわかりやすいのは、縄文時代後期末（約三二〇〇年前）の姿を呈していたことであった。遺跡の中央を山側から幅五メートルの川が下り、そこに合流する川が二本あり、竪穴住居はその合流点に、四棟がほぼ重なってつくられていた。報告書の概略図では円形が一棟と方形が三棟あるように見えるが、詳しい図面では円形が二棟と、上から木株が壊して方形か円形か分からないものが一棟あるようにも見える。いずれにしろ同じ位置で一家族が、二ないし三回の建て替えをしたのだろう。また住居の北約一五メートルには、直径三・六メートルに石を敷き詰めた配石遺構と、四角く帯状に囲った配石遺構が見つかっている。これはまつりの場所かもしれないが、やじりや石器のくずが大量に出ていることから石器製作をした作業場か、敷石住居の可能性もある。

穴太遺跡が注目を集めたのは、川のすぐそばに住居をつくり、川の中にはドングリ貯蔵穴をもっていたことである。貯蔵穴はドングリが詰まっていたものが二つと、ドングリが見つかっていないものが三つあった。貯蔵穴の一つは直径〇・八、深さ〇・五メートルでやや底が大きい袋状で、底からコナラ属・ヒシ・クルミ・トチノキが層になって詰まっていたという。コナラ属には、イチイガシ・アカガシ・クヌギ・ナラガシワなど、様々なドングリが混じっていたという。もう一つの貯蔵穴は直径〇・五、深さ〇・一メートルで、トチノキだけが詰まっていたという。これらの貯蔵穴はアク抜きよりも、虫やネズミの食害を防ぐためのものと考えられている。

またドングリのない三つの穴も、使われなくなった貯蔵穴だろう。このうちの一つからは、男女の生殖器形木製品が一点づつ見つかったという。しかし実物を見て、男性という木はわからなくもないが、女性の方は何が女性なのか納得できなかった。だが何らかのまつりをして、これを埋めたのはまちがいなさそうである。

もう一つこの遺跡がおもしろいのは、発掘された一一〇×三五メートルの範囲全域から、当時はえていた木株が全部で二八本見つかったことである。種類では、食糧になるイチイガシ（アカガシ亜属）が一番多く、トチノキ・カヤなど食べられるもののほか、ツバキ・モチノキ・クスノキなど典型的な照葉樹林であった。大きいものでは根っこが直径一七メートルも延びているイチイガシがあり、ドングリをたくさん実らせる巨木だったようだ。

またこの遺跡からは、石おの・やじり・網おもりなどとともに、すり石・石皿など植物加工石器も出土している。ただ石皿が極端に少ないことから、ここでの居住は一ないし二家族程度だったと想像できる。さらに住居の近くの地面には、イモ類を掘りとる土掘り石器（打製石斧）が一二本、一緒に埋められているのが見つかった。大切な道具をしまったまま忘れたのか、男性木器と同じようにまつりをして埋めたのか、興味は尽きない。

さて穴太縄文人は豊かなドングリの森に住んで、いつもたくさんの食べ物に恵まれていたようだ。近くの湖や川の魚、山の獣は最高のごちそうだ。東日本のように大きなムラではないが、静かな川のほとりにひっそりと暮らす、幸福な一家族が思い浮かぶだろう。

COLUMN 10

縄文レシピ2　トチもち

ドングリの中でもトチノキはアクが強くて、アク抜きの難しい木の実である。よってトチもちづくりはドングリ食でも、少し高度な技術と大ガマなどの道具を必要とする。次の話は筆者が平成五年九月に、伊吹町甲津原で体験したトチもちづくりである。

一、トチは拾った後、一晩以上水浸けにして虫殺しをする。ムシロで二週間も乾燥させれば、何年も保存できる。戻すときはまた水に浸け、皮が柔らかくなったら、木の道具（トチムキ）でこじるようにむく。これが縄文時代のすり石・石皿の役目である。

二、アミ袋に入れて、美しい小川やわき水などで三日間ほど水さらしする。

三、屋外に据えた大鍋にたっぷりの湯で煮る。沸騰したら灰を合わせてじっくり冷まし、三～六日間放置する。この間にアクが抜ける。灰汁は吹きこぼれるので、屋外の方がよい。この後、灰汁をきれいに洗うとアク抜きの完了。

四、もち米二升にドンブリ一杯のトチをまぜ、一緒に蒸す。

五、杵と臼（ケヤキ）でつく。黄色みの帯びたトチもちのできあがり。

トチもちはもちろん縄文時代にあったわけではなく、コメの貴重な山村地域での増量具材としてできた食べ方である。縄文人はアクを抜いたトチをすり石・石皿で潰して、何かと混ぜて食べたのだろう。トチもちは特別美味しいというものではないが、ほのかに木の香りがする懐かしい味の食べ物だった。

1 トチノキ

2 乾燥させる

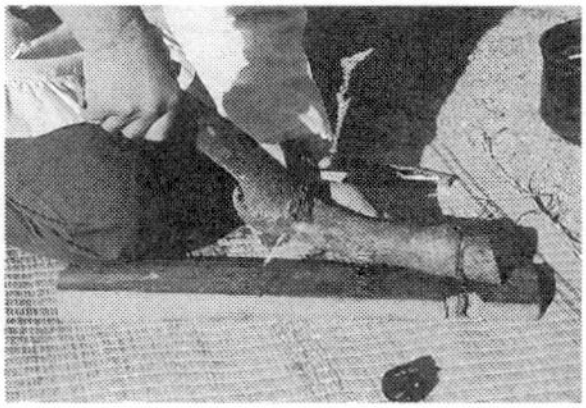

3 皮をむく

4 川の水でさらす（3日）

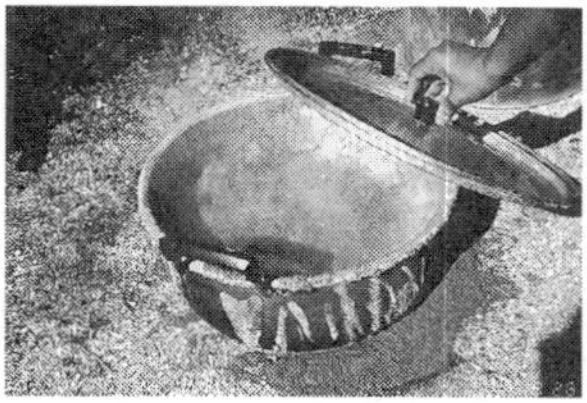

5 灰汁でアク抜き（3日）

6 モチ米と一緒に蒸す

7 モチをつく

8 できあがり

トチもちづくり

2　森に暮らす

山道は自在……伊吹町起《おこ》し又《また》遺跡(54)

　名峰伊吹山をひかえた伊吹町は、大正時代の杉沢遺跡の発見以後、数々の縄文遺跡が知られたところである。また県内で最もたくさん石棒が出土している町でもあり、近江の縄文文化を語るに欠かせない地域だ。起し又遺跡は、歴史にたびたび登場する湖北の姉川上流を、山深く分け入った曲谷集落のはずれにある。北国往還道（国道三六五号）を北に折れてしばらくすると、崖の迫る川沿いにつづら折れのみちが続く。今は奥伊吹スキー場のある最奥の、甲津原《こうづはら》集落まで整備された舗装道路が延びているが、冬は豪雪地帯となり往時の苦労がしのばれるところだ。西側には浅井町とを分けるなだらかな七尾山が、また東側の切り立った山々は伊吹山地とよばれ、千メートル級の頂きは美濃国（岐阜県）との境をなす。この最上流域には、ブナやトチノキ・オニグルミなど、今では珍しくなった落葉広葉樹の豊かな森が残り、ツキノワグマ・シカ・イノシシなど様々な野生動物が生息する。また清流にはイワナ・アマゴなどの渓流魚や、オイカワ・カワムツなどの淡水魚が群れなすという。ここは、縄文人の生活環境がまるごと残された桃源郷である。

起し又遺跡の調査は、山肌を切り開いたわずかな棚田がほ場整備されるのに先立ち、平成六～八年にかけて行われた。標高四三〇メートル前後のゆるい斜面で、中期末（約四二〇〇年前）の縄文ムラが発掘されたのである。見つかったのは竪穴住居五棟、子供のお墓（埋甕）六基に大人のお墓（配石遺構）三基、貯蔵穴などである。竪穴住居は直径が五・五×四・五メートルのものが一つと、あと四つは二メートル程度と小さい。これらの小さすぎる竪穴は、二段掘りされた内側の掘り形かもしれない。このうちの二つには、川原石を使った石囲炉が残っていた。石囲炉は、前期から中期に東日本で盛んにつくられた炉で、県内では見つかる例が少ない。特に後期の西日本では、正楽寺遺跡のようにほとんどが素掘りの炉になるので、近江の縄文時代資料では貴重で

起し又遺跡（伊吹町教育委員会）

起し又遺跡の住居跡（伊吹町教育委員会）

ある。

起し又の縄文ムラからは、中期後半（約四二〇〇年前）の土器が出土しているが、やはりこのなかに他の地方との交流をうかがえるものが含まれている。土器を見ると特に、東海地方や飛騨地方との関係が深かったようである。石器もひと通り揃っているが、魚捕り網の石おもりが多いのが目につく。おそらく眼下の起し又川（姉川支流）へ下りて、イワナやアマゴなどの魚捕りをしていたのだろう。一方で、通常一遺跡で少なくとも一〇点ぐらいは出土する石やじりが、たった一点しか見つかっていない。起し又ムラの縄文人は、山の獣よりも魚でタンパク質をとっていたと思われる。しかもここの石やじりは、透き通った水晶でできていて、とても

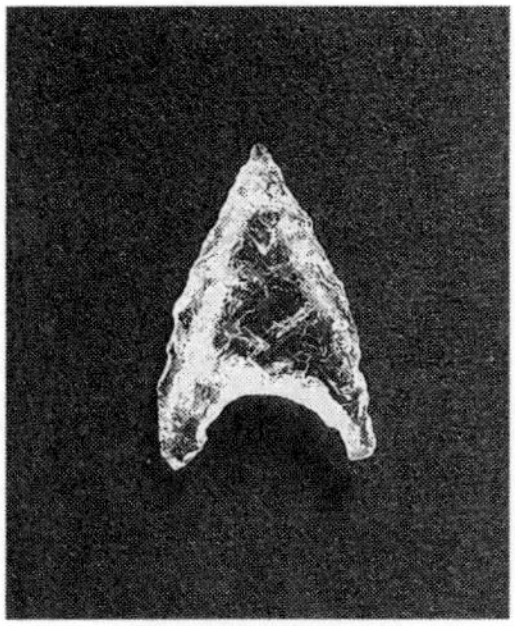

起し又遺跡の水晶のやじり（伊吹町教育委員会）

日常使っていたとは思えない美しいものである。またサヌカイト製石器が、一点しか出ていないというのも不思議である。米原町磯山城遺跡の石器流通センターからは、少し山道が険しすぎて起し又ムラまで届かなかったのだろうか。

ところで民俗学の大家柳田国男は、山住みの暮らしを説いた「山人考」のなかで、「……日本は山国で北は津軽半島の果てから南は長門の小串の尖まで少しも平野に下り立たずして往来することが出来るのでありますが、……」と述べ、山中に山をなりわいとする人たち専用の道が、縦横にあることをほのめかしている。[55] 日本が山国といわれる典型的な話であるし、縄文人が森の恵みに依っていたこととかかわる重要なことである。筆者が鈴鹿山脈永源寺町の山中で聞いた話では、車だったら三〇分かかる山の反対側集落へは、山道を小走りに駆けて一〇分で着いたという。つまり山住みの人々専用の道はつい最近まで日本各地にあって、一見、ひと知れないけもの道でも、物流の幹線になっていた可能性が高いのである。また、ひとの交流圏を語る場合、今の私たちは山や川で区切られた平野を一単位とすることが多い。しかし実際は、川の上・下流や、山のあちらとこちらで深い交流があったのだ。たとえば伊吹町では戦前まで、最奥の甲津原と品又峠の向こうの岐阜県坂内村とのあいだに、婚姻などの交流が盛んにあったという。またやや南の国見峠の両側でも、頻繁な行き来があったという。四千数百年前の起し又縄文ムラに、飛騨地方との交流が強いのもうなずける話である。

さて筆者が伊吹町教育委員会の高橋順之氏の案内で、調査の進む起し又遺跡を訪れたのは、石垣に薄いろのなでしこが揺れる平成七年夏のことだった。その後平成一〇年三月、この町に伊吹山文化資料館が完成し、起し又遺跡を始め町内の縄文資料が一括展示されることとなった。この資料館がすばらしいのは、友の会活動が盛んなことである。一階には昔の家の様子が再現され、懐かしい民具やひとの働く姿が展示されており、二階には遺跡資料と伊吹山の薬草や化石など自然資料が、わかりやすく解説されている。ワラ仕事・炭焼き・機織り・養蚕など、生活を支えた仕事が手に取るようにわかるしくみとなっている。そしてこれら、収集から展示まで全てが、友の会活動によってできあがったのである。さらに目をみはるのは、友の会のみなさんのパワーである。八五歳の筒井利吉会長はじめ、平均年齢七〇歳は越えるという会員みなさんはいつも若々しく、楽しそうに活動されている。ここでは四二〇〇年前の縄文ロマンと、雄大な伊吹山の自然と、ひとの温かい笑顔を体験することができる。

COLUMN 11

若菜つむ

やまあいの長い冬が終わると、草木が目覚め一斉に芽を吹く。山野に萌える若芽は、見た目だけでなく味覚も楽しませてくれるものだ。植物採集は、人体維持に欠かせないビタミンが摂取できることから、古代より春の行事として私たちの暮らしに定着している。自然に生きた縄文人がこれを食べていたのは疑いないが、遺跡で残りにくいためにその実態はほとんどわかっていない。しかし先ごろ、富山県小矢部市桜町遺跡でシダ科植物のコゴミが出土し、改めてそれらの重要性を知るところとなった。コゴミは天ぷらやみそ和えの具材で、鮮やかな緑が食欲をそそるものである。植物食糧の第一はドングリなど木の実、第二はヤマイモ・ウバユリなどの根栽類、そして第三は柔らかい春の若菜である。私たちのまわりを見渡しても、フキ・ワラビ・ゼンマイ・タラノキなど数えきれない種類の、おいしい野生植物がある。最も身近なワラビやゼンマイは、ドングリと同じくアク抜きをしてから食べるので、基本はドングリと同じ縄文食といえよう。また乾燥ワラビは、冬場の保存食として最近まで盛んに作られていた。山間集落で、春の間だけ「ワラビ小屋」がかけられたのも、そう遠い昔の話ではない。もうひとつ春の若芽には薬効があって、万葉集にうたわれる蒲生野の薬草狩りはあまりにも有名である。また狩猟には、トリカブト根の毒を塗ったやじりを使ったことだろう。トリカブトは北海道や東北地方など寒冷地の方が毒性が強く、大型獣の狩猟には効果を発揮したという。さまざまな野生植物が人間の暮らしを支えてきたのだ。春山の明るさを表わした「山笑ふ」という季語があるが、自然の豊かさを一言にしたよいことばだと思う。筆者も鈴鹿の山中にいくつか、ワラビ・タラノキの自生場所を知っているが、これだけは誰にも話したことはない。ひとり山で、笑うのである。

近江縄文研究のさきがけ……湖北の遺跡群

湖北地方には、前にお話しした尾上の葛籠尾崎湖底遺跡のほかに、日本の縄文時代研究の中で、有名な遺跡がいくつかある。これらは湖北町尾上出身の小江慶雄氏らによって、専門的かつ詳しく調査されたおかげで、日本の縄文文化を語る上で欠かせない重要資料となった。湖北の遺跡群を語らずして、近江の縄文時代は語れないのである。そこでこれらを、調査された順に簡単に紹介しよう。

巨大なカメ棺…伊吹町杉沢《すぎさわ》遺跡[56][57]

杉沢遺跡は伊吹町大字杉沢にあり、伊吹山の南裾に広がる弥高川の扇状地の標高一六〇メートルあたりに立地する。明治時代すでに、石おのや石棒などの石器が出土しており、大正一三年に郷土の歴史家中川泉三氏が『考古学雑誌』に紹介し、昭和三年には県の『滋賀県史蹟調査報告』第一冊で報告されている。その後、昭和一三年四月には京都大学の小林行雄氏らによって、石器の正確な時代を確かめるための学術調査がなされ、縄文時代晩期（約二五〇〇年前）のカメ棺（土器の棺桶）が発見された。カメ棺は二つの土器を合わせた、「合口甕棺」とよばれるものである。このときはたった二日間の発掘だったが、近江では一番最初の縄文遺跡調査だったのである。そして考古学専門雑誌に、当時珍しかった合わせ口カメ棺が写真付きで詳しく報告されたおかげで、一躍に有名になったのだ。その後、五〇年近くも発掘はされなかったが、昭和六二年ほ場整備にともなって再び発掘され、晩期前半（約二八〇〇年

杉沢遺跡から伊吹山をみる（伊吹町教育委員会）

杉沢遺跡カメ棺出土（昭和13年撮影、伊吹町教育委員会）

前）の土器がたくさん出土した。この調査では中部地方の土器が出土し、あらためて縄文人の行動力に驚かされた。現在まで近江の縄文遺跡調査は、おそらく百件はくだらないだろう。それらも、この遺跡の発見と発掘からはじまったといって過言でない。

まちの誇り…浅井町醍醐《だいご》遺跡[58][59]　醍醐遺跡は、伊吹町との境界をなす七尾山の西側山麓、浅井町大字醍醐にある。以前から石器などの出土が知られていたが、小江慶雄氏によって、昭和二六・二七年に、延べ二一日間にわたる学術調査がおこなわれた。現地は尾根がくだる台地の先端にあたり、周囲から二〇メートル程度小高い標高一九八メートル付近に位置する。この発掘ではわずかな面積であったが、中期末ごろ（約四二〇〇年前）の頭大の川原石をあつめた配石遺構が、少なくとも三基以上見つかった。配石遺構は縄文人のお墓といわれているもので、お墓に立てた墓標のような細長い石（立石）も出土した。また土器や石器がたくさん出土しており、石器ではやじり・石おもり・石おの・すり石・石皿などがある。特に、石おもりは一六九個も出土しており、面積の割に極端に多い。先にみた七尾山の反対側の起し又遺跡でも、わずかな面積でたくさんの石おもりが見つかっており、両遺跡で共通するのが興味深い。さらに一六九個のうち一四六個が網のおもり（切目石錘）で、付近の川では盛んに魚捕りが行われていたと想像できるのだ。また土器では関西・瀬戸内地方のものと、東海・飛騨・中部地方の土器とが入り混じっており、東西の土器の前後関係がわかる資料となったのである。このような重要性から、このときの土器は「醍醐式」と命名され、いまでは近江だけでなく、東海・中部までの縄文年代の、モノサシになっている。なお小江氏は、三度にわたって醍醐遺跡の研究報告をしたが、その内容は一般住民にはあまり知られず忘れられかけていた。そこで浅井町は平成九年度に「淡海文化推進事業」のひとつとして、小

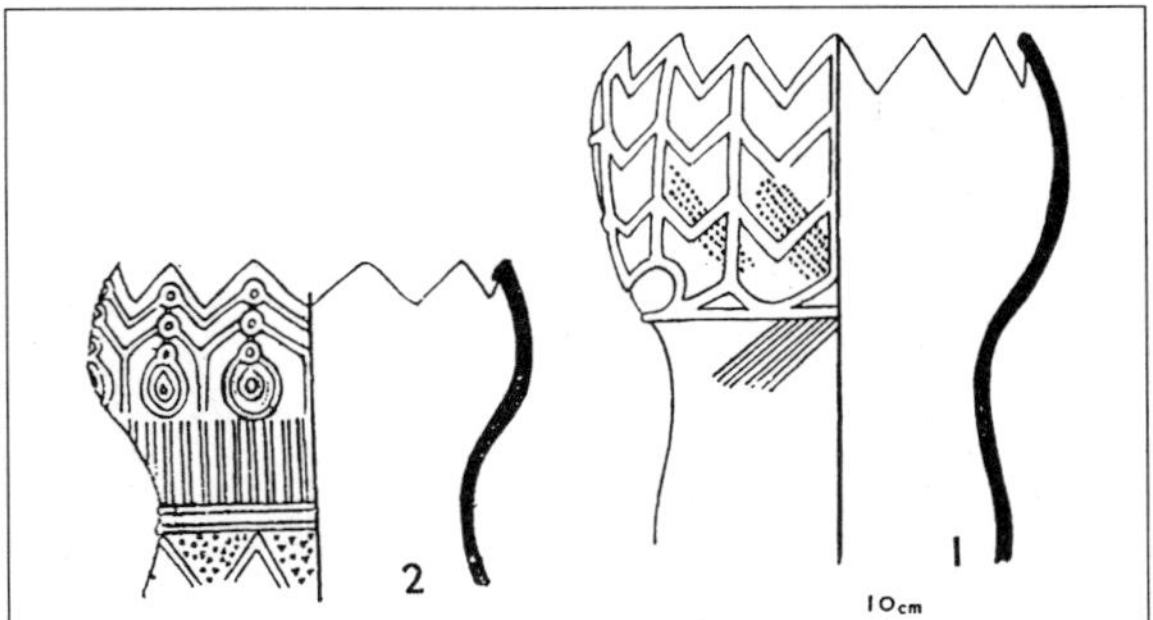

醍醐遺跡の土器（文献59より）

江氏の論文の再掲載と出土物の再整理をおこない、一冊の本にまとめて住民に配布した。[60] 文化財がまちの誇りとして地域に活用される一例で、たいへん喜ばしいことである。

石やじり職人の家…山東町番《ばん》の面《おもて》遺跡[61]

番の面遺跡は山東町大字梓河内・柏原にあり、小江慶雄氏によって昭和三〇年七月に調査された。鈴鹿の主峰霊仙《りょうぜん》山麓の丘陵が一旦途切れ、その間を中山道が通るあたりの、通称番の山台地にあり、標高一七五〜一八五メートルのところに立地する。番の山は、東のふところに名刹清滝寺をいだく風趣の濃い里山であるが、現在遺跡のあるあたりは国道二一号の往来の激しい所になっている。さてこの発掘では、中期末(四二〇〇年前)ごろの竪穴住居が見つかり、考古学界で話題を呼んだ。西日本ではじめて縄文時代の住居跡が出土したからである。住居跡は一辺約四メートルの四角形で、四本の柱穴と真ん中に炉のあとが残っていた。炉に石組みはなかったが、地主が以前このあたりで作業中に二・三の焼け石を掘り出したらしく、元は石囲炉の可能性があるという。昭和三一年になされた小江氏の報告では、住居跡の内容が「床面・柱穴・炉・周溝」など詳しく記されており、のちに発掘調査を志す者にとって貴重な参考書にもなったのである。出土物では石器が多い。やじり・キリ・石おのなどであるが、やじりは発掘調査で一七本、地表面で拾ったもの五五本とわずかな面積にしては多く出土している。石材はサヌカイトはほんの少しで、地元の清滝あたりで採れるチャートが多く、湖岸の磯山城遺跡と対照的である。チャートは茶色・白色・黒緑色・飴色などカラフルでとても硬く、やじりやナイフづくりに適した石である。さらにやじりをつくった際の、チャートの石クズが大量に出土していることから、ここにやじりを作って付近の縄文ムラに配った、石やじり職人が住んでいたようだ。醍醐や起し又ムラのやじりは、ここの職人が作ったのを、物々交換したのかもしれない。

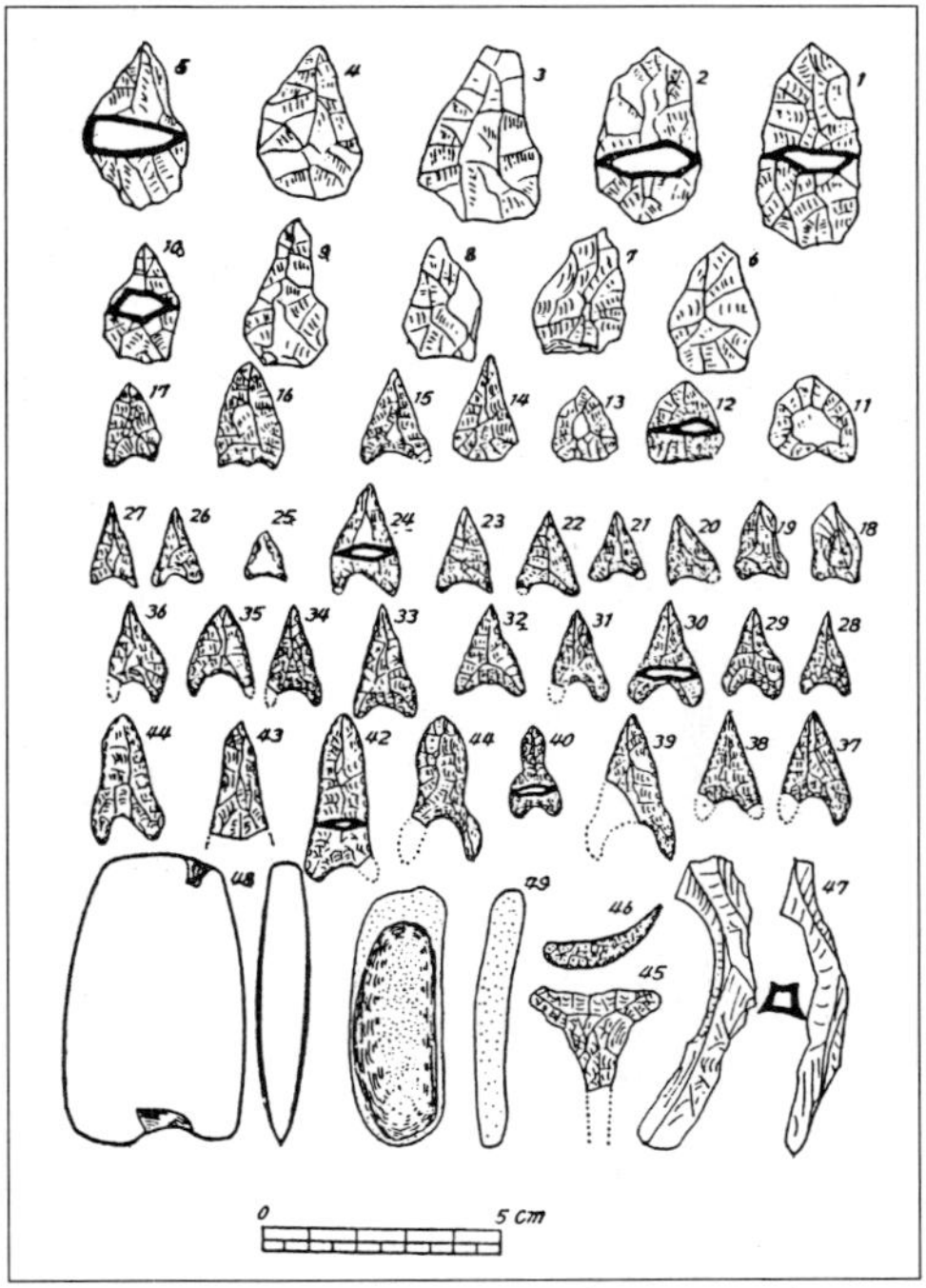

番の面遺跡の石やじりなど（文献61より）

COLUMN 12

石を喰らう…木内石亭《きのうちせきてい》

奇石蒐集家として名高い木内石亭は、享保九年（一七二四）現在の大津市下坂本の拾井家に生まれた。東西の鉱石・奇石を解説した著書『雲《うん》根志《こんし》』に、「予十一歳にして奇石を愛し」と自ら記したほど、生来石への愛着は強かったようである。二十歳のころ、草津市北山田の木内家の養子となってからはいっそう収集にのめり込み、日本各地の学者・文人・大名らと「弄石社《ろうせきしゃ》」を結成、当時では珍しい情報交換の場とした。さらに全国の蒐集家に呼びかけた、「奇石会」なる研究会をたびたび主催し、実物資料の交換を勉強をかねて行ったという。現在の博物館活動のお手本のようなものである。石亭の功績は、石器など考古遺物の収集につとめ、『雲根志』に精密なスケッチ図と解説を掲載したことにある。『雲根志』には、およそ現在知られている石器のほとんどが解説され、その博覧強記ぶりには目をみはるものがある。また、自ら発掘の勾玉について書いた『曲玉問答《まがたまもんどう》』や、石やじりを論じた『鏃石伝記《ぞくせきでんき》』など、研究史に語られる重要な研究書も著した。モノから考える、石亭の実証主義的な学問態度には見習うべきものが多く、希代の考古学者だといえるが、のちにその功績がひろく顕彰されることは少なかったようである。その収集物は、縄文時代の石斧・石やじりはもちろんのこと、古墳時代の須恵器まで三千点におよんだという。文化五年（一八〇八）に没するまで数々の書画をものにし、いまは守山市今宿町の本像寺の墓碑にその功績が刻まれている。近江の誇る先人であるが、酔狂に生きたゆえ家督を喰らい続けたという。(62)

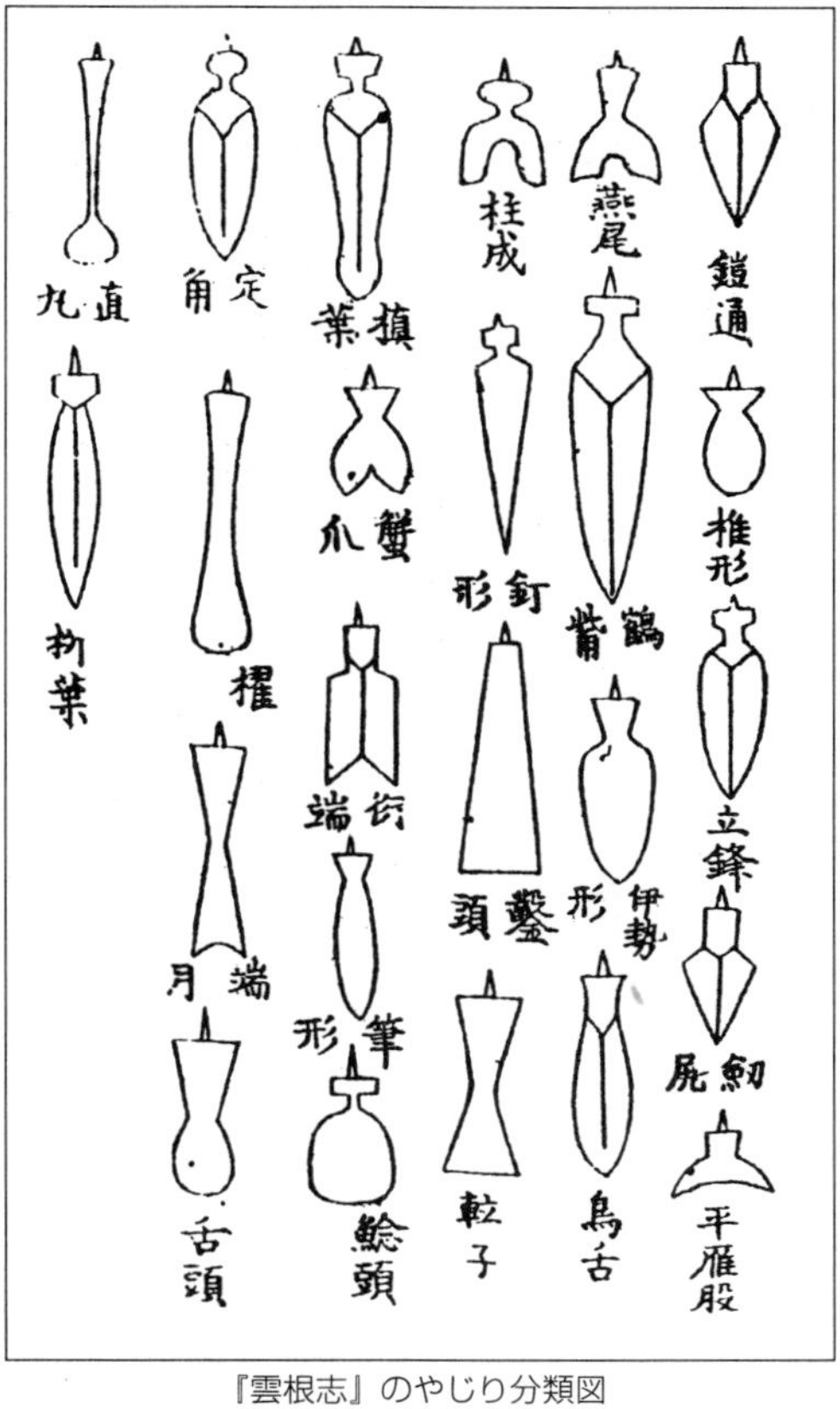

『雲根志』のやじり分類図

3　平野に暮らす

湖南の縄文ムラ

近江最古級の住居跡…栗東町下鈎《しもまがり》遺跡(63)　栗東町下鈎遺跡は、葉山川流域の平地にある遺跡で、今は住宅や工場がたて込んだ町中にある。新幹線と国道一号が交差するあたりで、とても縄文時代遺跡がありそうな景観ではない。この遺跡は弥生時代の大型建物で有名になったが、平成三年の発掘調査で縄文時代前期後半（約五三〇〇年前）の竪穴住居が見つかっている。標高九八メートルあたりの、砂利の多い土層で見つかった住居は二棟で、さらにもう数棟分の柱穴があったという。住居跡は楕円形と四角形で、貯蔵穴も見つかった。一緒に出土したものは、土器以外にやじり・ナイフなどの石器で、耳飾りもある。土器には関東・中部など、東日本との関係が想定できるものがある。この住居は安土町上出A遺跡とおなじく、近江で最古級のものである。

さらに一キロメートル下流の、標高九〇メートル付近にある霊仙寺《りょうぜんじ》遺跡では、中期末頃（約四二〇〇年前）の川跡からたくさんの石器が見つかっている。網の石おもり・やじり・ナイフ・石おのやドングリ加工用の石皿も出土している。とくに水晶でできた皮剥ぎ用ナイフは、大変珍しいものだ。また、下鈎の上流一キロメートルにある狐塚《きつねづか》遺跡では、後期初頭（約四千年前）の竪穴住居が見つかっている。標高一〇四メートル付近の安養寺山裾で、自然豊かな環境である。住居跡は直径四・二メートルの円形で、中央には石組炉がつけられていた。また、けものをとるための落とし穴とみられる深い穴もあったようだ。ほかに栗東町では、野洲川沿いの辻遺跡でも四基の配石遺構が出土している。

下鈎遺跡（筆者撮影）

小さな石棒…守山市吉身西《よしみにし》遺跡(64)　吉身西遺跡は野洲川左岸守山市守山町の、県立成人病センター付近一帯にある。あたりは標高九七メートルの田んぼだったが、近年の開発が進み何回も発掘されている。昭和六二年の調査では、九五メートル地点から縄文時代後期末頃（約三一〇〇年前）の竪穴住居二棟・貯蔵穴九基・柱穴などが見つかった。住居はどちらも径約四メートルの円形で、うち一つからは石棒《せきぼう》が出土した。石棒は男性器の形をしたもので、中期には腕ぐらいのものが多いが、ここのは太さ三センチメートルと小さい。途中で折れており、本来は一五センチメートルほどの長さだと思われる。なお石棒は住居の奥壁に、さも置いたように立てかけてあったという。また、やじりが二四点と多く出土し、さらにサヌカイトの石クズが三〇〇以上見つかったことから、この家で石器づくりをしていたようである。また下長《しもなが》遺跡では、中期末頃（約四三〇〇年前）の石組炉つき竪穴住居が発見されている。住居は直径四・五メートルの円形で柱が四本あり、中央に拳くらいの石で囲った炉をもつ。残り具合がとても良い縄文住居である。金《かね》ケ森東《がもりひがし》遺跡では、緻密な彫刻を施した晩期の石刀が出土している。いまは住宅が建ち並ぶこのあたりでも、縄文時代には平地林におおわれており、ゆったりとした生活が繰り広げられていたのだろう。

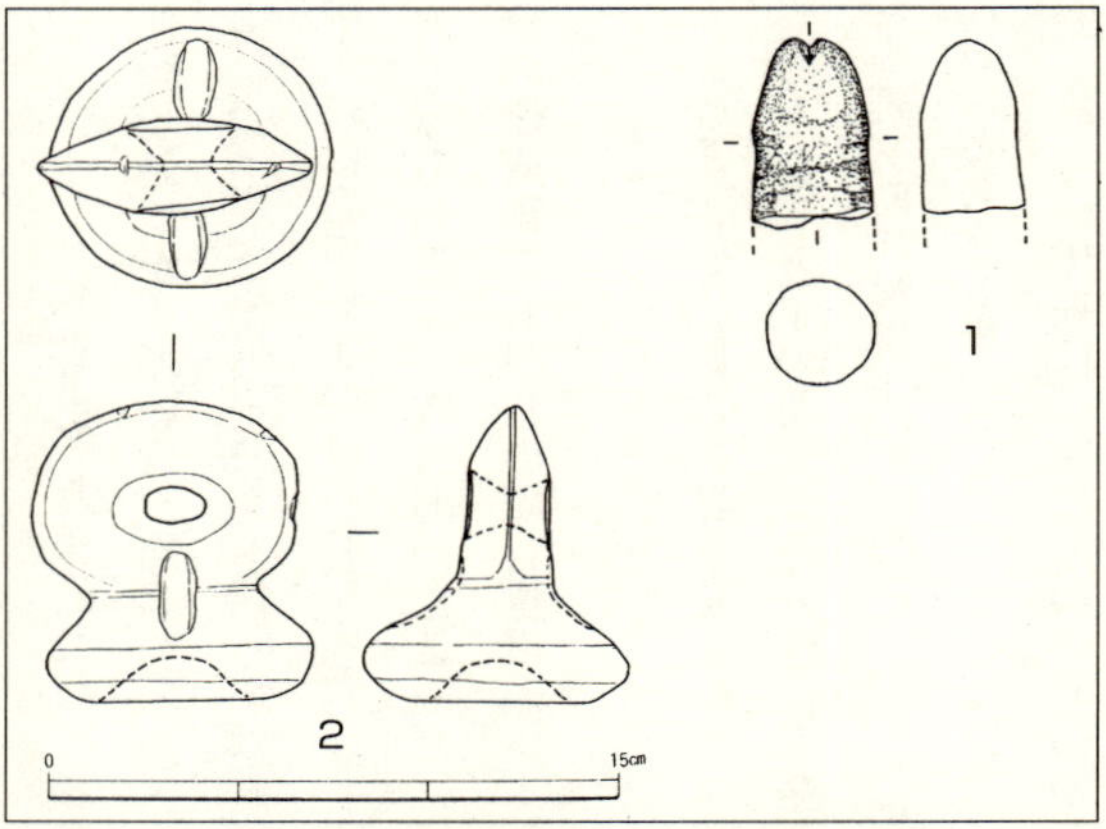

石棒(1)：吉見西（文献64）、石冠(2)：新堂（文献49）

COLUMN 13

土を喰う、虫を喰う

「砂を噛む」とは無味乾燥の悔しさを表現した言葉だが、土を食べる習慣は世界各地にあるといわれている。アイヌの人たちは、チェトイとよぶ土を調味料として食した[65]というし、北米インデアンでは灰を食べる習慣があったという。もっとも太古の海が隆起した場所では岩塩が採れ、縄文人がこれを食したことは想像がつく。山形県高畠町の観音堂洞窟群には、岩塩の壁が露出しており、同町の押出遺跡で縄文時代前期の炭化食品から、塩分が検出されている。

一方、虫を食べることはさらに広く行われている。現在も信州などでは、イナゴやザザムシの佃煮がみやげとして売られているし、筆者も子どもの頃ハチノコを食べたことがある。テレビで見たが、沖縄出身のある歌手はおやつにセミを食べたというし、人気者ＳＭＡＰのメンバーも小学生の頃、校庭でアリを捕まえて食べる癖があったという。アリは「蟻食」といって甘みがあり、世界に共通して好まれた食習慣らしい。縄文時代の遺跡では、これらを証明するものが残らないが、様々な食虫があったに違いない。「エッ！ 虫を食べるなんて」と眉をよせたあなた、すましてエスカルゴを食べている場合じゃないですよ。

湖東の縄文ムラ

弔いとまつり…能登川町今安楽寺《いまあんらくじ》遺跡(66)　今安楽寺遺跡は愛知川左岸、正楽寺遺跡の約一・五キロメートル下流にある。彦根方面から県道（旧朝鮮人街道）を南下して愛知川の橋を渡り、すぐ両側に工場が建ち並んでいるあたりである。近くにカシワやケヤキなどが茂る河辺林が残るが、工場があるのとJR琵琶湖線が横切るので、あたりの縄文的風景は乏しい。調査は昭和六三年と平成元年に、造成工事に先立って筆者が担当しておこなった。その結果、標高九〇メートルの湿地状の粘土地盤で、後期はじめ（約四千年前）の縄文ムラが見つかった。主なものは住居跡が二棟、埋甕（子どものお墓）が九つである。

西日本では、一回の発掘で埋甕がたくさん出ることは珍しく、この時期の埋甕としては近畿地方はもちろん、西日本でも多い方である。埋甕は地面に土器を直接埋めるため、発掘では口の部分がくっきりと丸く発見される。前にも述べたように埋甕は幼・胎児のお墓で、これらは家の近くや家の中など、親の住むそばにわざと作られたようだ。現在と異なり、縄文人にとって「死」はけがれたことでなく、むしろ「生」のすぐ近くにあって、常に行き来できる崇高な世界だと考えていたのだろう。

今安楽寺遺跡のすり石と石皿

住居跡はどちらも浅く、崩れた円形をしている。出土物では土器が多く、あまり壊れておらず文様もよくわかったため、この時代を代表する近江の土器として「今安楽寺式」と筆者はよんだ。石器は、石皿とすり石など植物加工石器が三分の二程度を占め、次に石おもりが多かった。一方で、県内のほとんどの縄文遺跡から出るやじりが、この遺跡で一点も出土しなかったのは特徴的である。ここの縄文人は、狩猟よりもドングリなど植物集めと魚捕りをおこなっていたようである。今安楽寺遺跡と正楽寺遺跡の中間には、善《ぜん》教寺《きょうじ》遺跡[67]があって、やはり後期はじめの土器や石器が出土している。この付近では、帯状に縄文ムラが広がっていたことがわかる。

　また、今安楽寺遺跡の西約一・五キロメートルはなれた大字山路・林に、石田《いしだ》遺跡[68]がある。平成二年に田んぼの下の標高八八メートルあたりで、正楽寺遺跡とおなじ後期前半の竪穴住居が出土した。住居の中から三つの埋甕が見つかったことから、同じ位置で三回建て替えられた可能性

石田遺跡の石棒（能登川町教育委員会）

もでてきた。まえに話したとおり、竪穴住居の出入り口に死産した胎児の埋甕を埋葬する風習があったとみえ、石田遺跡でも三回分の埋甕が建て変わるたびに埋められたようだ。また、少し離れた弥生時代後期（一九〇〇年前）の川跡から、形のよい石棒が出土した。縄文の石棒が、後の弥生時代にも使われていたのだろうか。いまも謎を残す石棒である。

おなじ愛知川左岸域の五個荘町新堂にある、標高一一二メートル付近の新堂《しんどう》遺跡[69]でも、平成四年に埋甕をもつ後期初頭の竪穴住居が見つかっている。住居の大きさは六・四×五・五メートルの楕円形で、中央よりやや南側に埋甕があった。また別地点では晩期の土偶と、まつりの道具、石冠《せっかん》が出土している。土偶の身体表現は簡略化されている。石冠は飛騨地方に多く出土し、近江では湖北地方でまれにしか見つからない、大変珍しいものだ。

家族を弔うことは今も昔も悲しいことである。しかし、自然の流れを感じとる縄文人にとって、死も一生のなかのまつりの一つだったに違いない。

ストン・サークルのまつり…甲良町小川原《こがわら》遺跡(70)　小川原遺跡のある甲良町は鈴鹿山脈の山裾にひろがり、犬上川の左岸扇状地にひらけた田園景観をなすところにある。遺跡は犬上川にほど近い、大字小川原の標高一一二メートルあたりにある。平成三～五年のほ場整備に先立つ調査で、縄文時代後期中頃（約三五〇〇年前）の遺構がたくさん見つかった。見つかったものは、川原石を円形に並べた配石遺構が約七〇基に住居跡二八基・貯蔵穴・土器捨て場などであり、土器や石器もたくさん出土した。

住居跡は地面を掘らない「平地式」とよばれる建て方らしいが、柱穴がいっぱいありすぎて、どの穴とどの穴が同じ家のものかわからない。ただ、地面が丸く焼けた炉跡があるから何棟かが、このあたりで建て替えられたのは間違いないだろう。この時代は、円形に何本も柱を建てる方法と四角く建てる方法があるようで、家の建て方も規則的でない。

また配石遺構は、西日本で一番たくさん出土したものである。しかしこれは確実な用途がわかっていない遺構で、お墓説とまつりの場所説のふた通りが今のところ有力である。七〇も見つかったこの遺跡でも判定が難しく、骨などが残っていないと墓かどうか確かなことはいえないようだ。またここの配石遺構は、ただ石を並べただけで地下に穴がないものが多い。石には火で焼けたのがまじっており、並べた石の上で火を焚くまつりをしたと想像されている。では何に対する

小川原遺跡の配石遺構（滋賀県教育委員会）

現代も残る配石墓（永源寺町地先）

まつりかというと、一つは自然界の神に豊かな実りを祈っただろうし、二つ目は身近な人間の死に際して、甦りを祈ったのではないだろうか。また配石遺構の真ん中には、一本の棒石が立てられることが多い。何かの目じるしとしては、墓標のようなものなのだろうか。いずれにしても配石遺構は、縄文人が残した未解決の置きみやげである。

この遺跡からは、土偶が三点見つかっている。三点ともこわれた破片で、うち一点は顔の部分が残っていた。これは顔がハートの形をしているので、ハート形土偶とよばれている。主に関東地方でよく作られた土偶で、西日本ではとても珍しい。石器ではやじり・石おの・土掘り石器など一通り揃うが、すり石・石皿などが特別多かったようである。すり石・石皿は配石遺構にたくさん使われており、日常の道具をまつりに使うことはここの縄文人も得意だったのである。

またこの遺跡から犬上川をさかのぼった、大字金屋の金屋《かなや》遺跡(71)では晩期後半（約二五〇〇年前）の竪穴住居・土器棺墓・木棺墓などが見つかっている。遺跡は、犬上川の扇状地が平野に開けていく地点の、標高一三六メートルあたりにある。竪穴住居は八棟以上出土し、この時期では近江でも最も多い出土数である。

COLUMN 14

土偶のまつり

土偶は縄文時代を象徴する遺物として、よく知られたものである。粘土で出来た手作りの人形は一体づつ表情が異なり、縄文人の姿を彷彿させる。現在、全国で数万点の土偶が見つかっているが、すべて女性でその多くは妊娠した姿である。なぜ女性なのかについてはさまざま議論があるが、女神像（地母神）だという考え方ではほぼ一致している。またこれだけの土偶があるのに、ほとんどが毀されて完全なものはほとんどなく、しかも別々の場所で見つかることが多いという。毀されてバラバラに埋められることについては、古事記・日本書紀にもあらわれる、食物神話との関係で語られる。古事記では、食べ物をつかさどるオホゲツヒメという女神が、乱暴な神スサノヲの怒りにふれ、殺されて切り刻まれたとされる。そのあと、頭から蚕が、両目から稲が、両耳から粟が、鼻から小豆が、女陰部から麦が、尻の穴から大豆が生まれたと記される。日本書紀でも神の名こそ異なるがほぼ同じ記述である。またこのように、切り刻まれた女神から植物食糧が生えるという神話は、環太平洋地域に広く分布しており、「ハイヌウエレ型神話」とよばれている。ニューギニア原住民のマリンド・アニム族では、「マヨ娘」とよばれる処女が生け贄として切り刻まれて食べられ、その骨をココヤシの苗木の側に埋めるという、「マヨ祭」の報告がある。「母なる大地」ということばのとおり、大地＝女神があらゆる植物食糧を恵むと信じられたのである。日本最古の土偶は、三重県粥見《かゆみ》井尻《いじり》遺跡で見つかった一万年以上前のものであるが、近江では中期の粟津貝塚の土偶が最古である。また土偶のまつりは、東日本で盛んに行われたようだが西日本では少ない。そして、弥生時代に稲作が早くひろまった西日本では、受け継がれることなく衰退していった。一見、凄惨なシーンを背後に見るが、自然に生きることと子孫を残すための神聖なまつりだったのである。

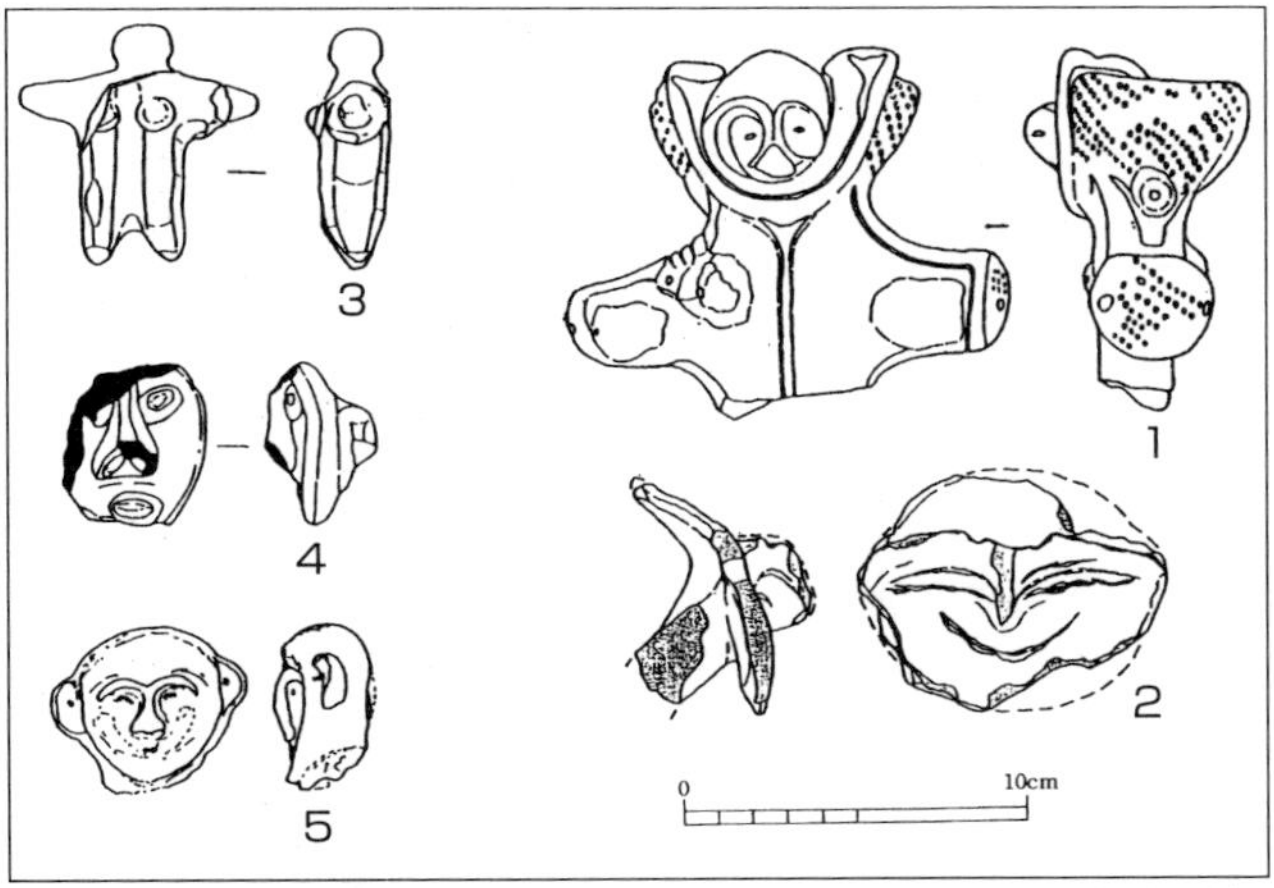

近江の土偶　1：筑摩佃（中期）、2：粟津貝塚（中期）、3：新堂（後期）、4：小川原（後期）、5：穴太（晩期）以上各報文より

湖西の縄文ムラ

グラッ　縄文ムラの大地震…今津町北《き》仰《とげ》西《さ》海道《かいどう》遺跡(72)　今津町の中心部をなす石田川沿いの平野では、近江と若狭小浜を結ぶ古道、若狭街道の往来が物語るように、古くから物資の流通拠点として栄えた歴史をもつ。現在も旧街道沿いに残るまち並は、湖国にあって北国の風情をかもす旅情豊かなところである。まち並はＪＲ今津駅のある石田川南側にあつまり、北側には水田地帯がひろがる。このなかの大字北仰にある北仰西海道遺跡で、縄文時代晩期の土器棺墓や墓穴が多数見つかり、さらに二八〇〇年前の大地震あとも出土した。

遺跡は今津駅の北方約三キロメートルにある水田地底で、標高九〇メートルに位置する。ほ場整備にともなう、昭和五八年から四年間続いた調査で、土器棺墓が九〇以上・墓穴は一〇〇あまりと、あわせて二〇〇基もの縄文時代の墓が見つかった。この数はもちろん近江最多であるが、国内でもとびきり数の多い発見である。土器棺は五〇センチメートルほどの土器を棺桶に使ったものだが、二個の土器の口を合わせたものや、割れた土器を蓋にしたものなどさまざまで、当時の埋葬の方法が詳しくわかる資料として重要である。

さらにこの遺跡では、地震跡が見つかっている。地震跡は一見細い溝跡のように地面に表れ、中に砂がびっしり詰まっているものである。これを「噴砂《ふんさ》」とよび、地震の揺れによる地層の液状化現象の結果生まれる。液状化とは、地震によって地中の砂質地盤が地下水で飽和状態になり、地層そのものが水のようになってしまうことをいう。そして地震でできた地面の割れ目から、水に混ざった砂が一気に吹き出したのが噴砂である。あの阪神大震災でも海に近いところ、とくにポートアイランドなどの埋め立て地で、噴砂が起こったのを見たのは記憶に新しい。遺跡調査ではこの現象が少しずつ知られはじめていたが、北仰西海道遺跡での発見で注目が集まり、このあと琵琶湖

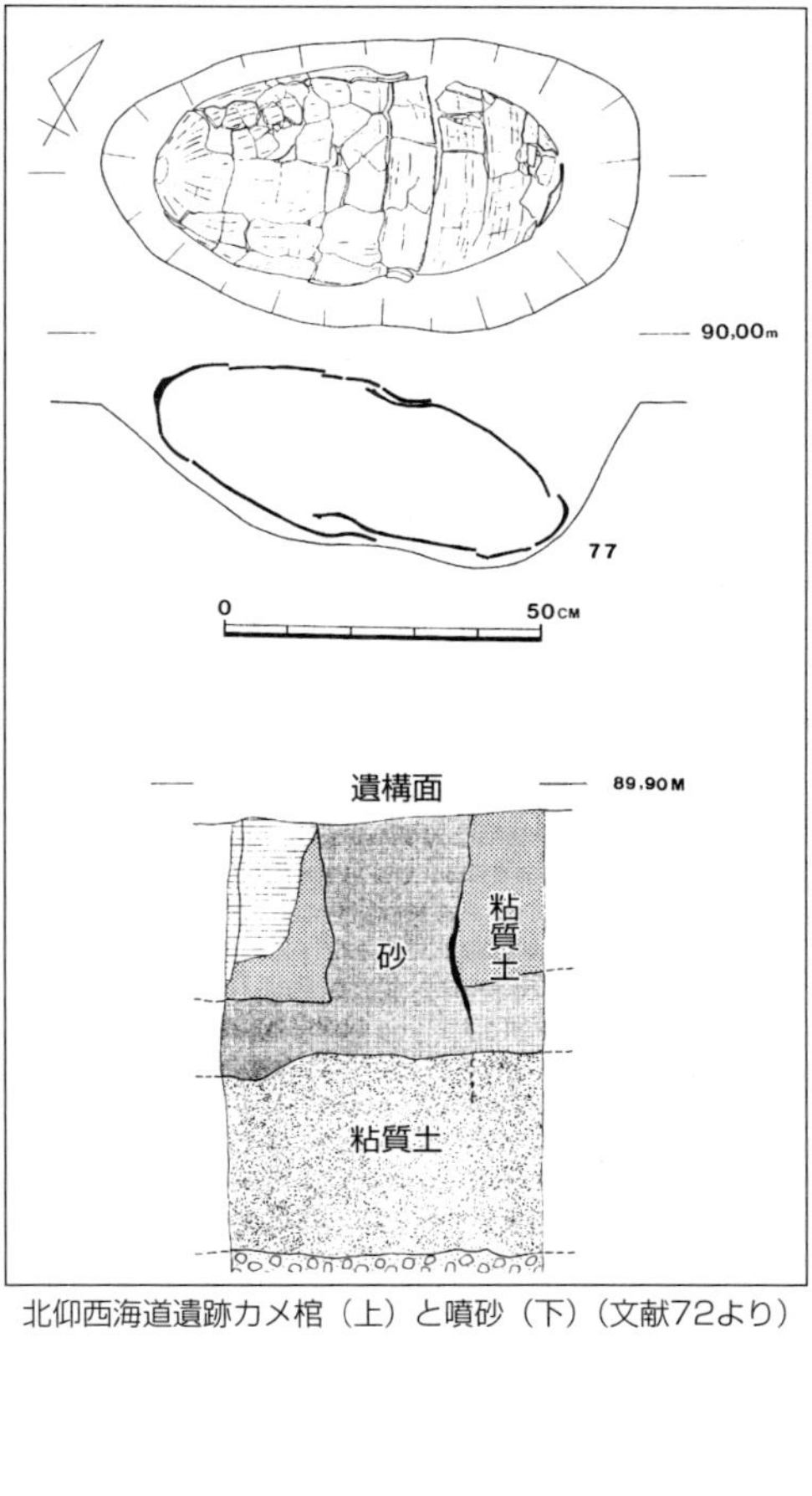

北仰西海道遺跡カメ棺（上）と噴砂（下）（文献72より）

周辺の遺跡で、さまざまな時代に起こった噴砂の発見例が増加したのである。またここでは、地震の起こる前と後の遺構関係から、大地震が今から約二八〇〇年前に起こったものとわかったのである。噴砂は阪神大震災クラスの震度六以上でできるといわれるから、どんな地震がこのムラをおそったのか想像つくだろう。前にも話したとおり、琵琶湖周辺には地震で湖中に沈んだ村の伝説がたくさんある。噴砂の発見は、歴史の解明と共に自然に対する私たちの気持ちを、引き締めてくれる役割も果たすものである。

指先の魔術師…大津市滋賀里《しがさと》遺跡[73]

滋賀里遺跡は、穴太遺跡の南方約五〇〇メートル付近の、標高九五メートルの扇状地にある。現在は見世一・二丁目あたりに位置する。昭和二三年に、京都大学の坪井清足氏らによってはじめて発掘され、縄文時代調査のさきがけにもなった遺跡である。このときの土器は時代を判定するモノサシとして研究され、五〇年たった今も「滋賀里式」として、日本中の研究者に知られる重要な遺跡である。その後ここにJR湖西線が通ることになり、昭和四六・七年に再び綿密な調査がおこなわれ、縄文時代晩期後半（約二五〇〇年前）の集団墓地と貝塚が見つかった。墓地には、土器棺墓が二五基と人骨をじかに埋葬した墓穴が八一基あった。土器棺墓には幼児や新生児など埋甕と同じ内容のものもあるが、大人の骨を何体分も入れた土器もあって、様々な埋葬法が想像された。大人の墓は、一旦埋葬して骨だけになったものを、再び別の土器に埋葬し直した「再葬墓」というやり方もあったらしい。

貝塚の貝は、セタシジミが九八％以上で、近江の他の貝塚と同じ結果が出ている。動物の骨では、イノシシ・シカが最も多く、ウサ

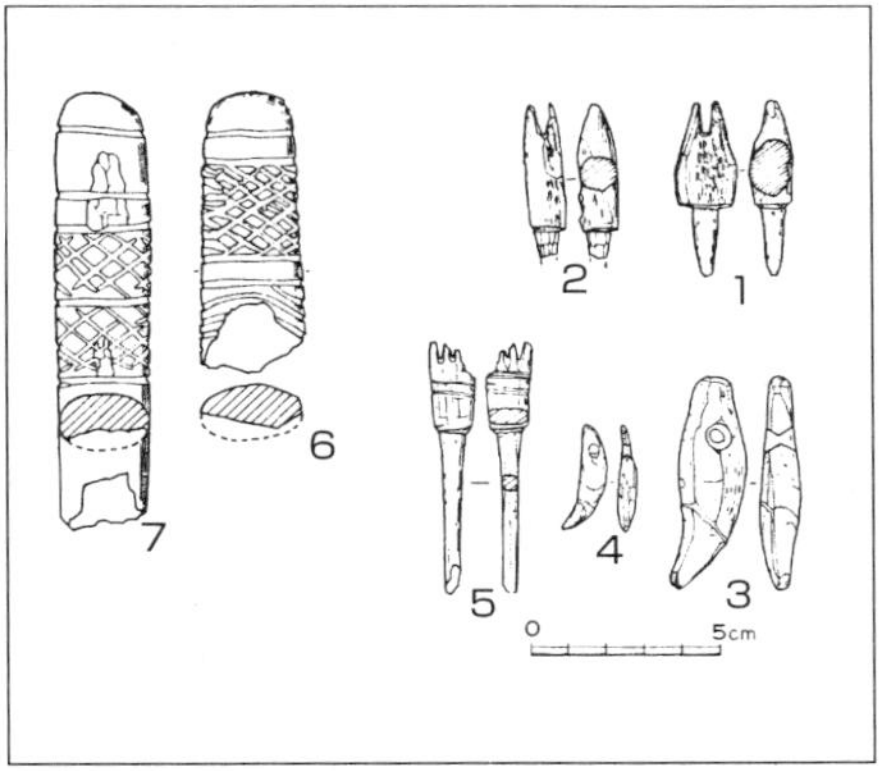

滋賀里遺跡出土物　1・2：骨製根バサミ、3・4：キバ玉、5：骨竪櫛、6・7：石剣（文献73より）

現在の滋賀里遺跡（橋脚の間）

ギ・タヌキ・クマも出土している。魚では、ウグイ・コイ・フナ・ナマズ・ギギが多く、サケ科の骨もあったという。全体的に、石山貝塚や粟津第三貝塚と内容の違いはないようである。

この遺跡で注目すべきは骨角器である。弓矢の石やじりを挟み込む根ばさみ、魚を突くモリとヤスに釣り針など実用的なものから、かんざしや腰飾りなどの装飾品までさまざまな骨角器が出土したのである。これらはどれも精巧に作られたものばかりである。また、石おのの柄・弓・お椀など、木でできた道具も見つかっており、縄文人の暮らしぶりの一端がうかがえる資料となった。石器では、やじりや石おのなどの実用品のほかに、石剣・石刀・石棒などまつりに使う道具が二〇点も出土している。この中には精密な彫刻をほりこんだものもあり、滋賀里縄文人の器用さが想像できるものだ。

さて遺跡のあったところは、琵琶湖がすぐ近くにのぞめる見晴らしの良いところだったという。しかし、今は住宅が建て込んで遺跡の雰囲気はほとんどない。かろうじて、湖西線を支えるコンクリート柱の間隔が離されていて、重要遺跡のありかを示している。

COLUMN 15

縄文レシピ3　ドングリご飯

トチノキがモチ米と合体したように、ドングリがご飯の増量具材として食された記録が各地にある。私たちが、クリご飯を好んで食べるのと理屈は同じようなものである。そこで作り方簡単で、筆者が炊いたドングリご飯をご披露しよう。

一、ドングリはアクを抜いたものなら何でもよい。アク抜きが面倒なら、マテバシイかイチイガシを適当量。

二、米をといだ中にドングリを入れ塩を少々ふり、クリご飯の要領で炊く。

三、炊きあがったらしばらく蒸らし、ドングリを潰さないようにざっくりとまぜる。

き上がり。

ドングリご飯ので

味はクリご飯に似て、ほのかな香りと甘みがありとても美味しい。アク抜きさえうまくいけば、こんな美味しい自然食品はない。

ドングリごはん

第四幕◉　縄文宇宙を視る

1 山の神まつり

私たちが無数の先祖の子として今あるように、二十一世紀を生きようとする日々の暮らしの中には、今は忘れてしまっている膨大な先祖の経験が、ひそかに息づいている。人間に遺伝子があるように、それは生活文化の遺伝子としてふとしたところで見つけることがある。縄文文化も何気なく私たちのそばにあり、よく目を凝らせば視ることができるのである。そこで近江に残る祭りの中に、縄文宇宙が息づく神まつりを見つけて紹介しよう。

湖東町小八木《こやぎ》の山の神

筆者が生まれ育った湖東町は背後に鈴鹿山脈をひかえ、愛知川と宇曽川の間に広がる田園地帯である。小八木の山の神は、彦根方面から国道三〇七号の宇曽川橋を渡ってしばらくで西に折れ、南側の田んぼを下るあたりにこんもり残る、小さな森の中にある。近づいて見る森は、直径四〇メートルもありそうな巨大な椋《むく》の傘の下に、ツバキなど照葉樹の中低木が茂っていて、ここが椋

小八木山の神の陽物

の木に寄り添ってできた森なのだとわかる。南側に裸木で組んだ簡単な鳥居があって、足を踏み入れるとしめ縄の巻かれた大樹の前に長さ一メートルもありそうな、石でできた陽物（男性器）がみえる。陰茎や睾丸の表現もリアルである。そばに小さな立て看板があり、霊験あらたかな子宝の神だと記される。子宝に恵まれない女性がひそかにここを訪れ、この陽物をなでさすると子が授かると伝えられている。日本の各地にはこのように、陽物を御神体にした山の神がたくさんある。これらの山の神の多くは、いわゆる郷社・村社など神社本庁の系統にはなく、地元で細々とまつられている。小八木もそうで、字内には国の重要文化財に指定された本殿をもつ春日神社があり、毎年桜の頃には盛大なみこし祭りが行われるが、この山の神祭礼のことはきかれない。朽ちかけた立て札によると、祭礼は八月に氏子だけで秘めやかに行われているようだ。

ところで、近世以後の山の神信仰には大きく分けて、稲作農耕に結びつくものと、狩猟採集に結びつくものがある。農村の春祭りの多くは稲作に対する神迎えの祭りで、豊饒の神に天から大地へ降臨してもらうことを祈願する。そのときに神は天に近い山のほこら（山の神）に一旦降臨して山の神となり、次に田んぼの中の野神（御旅所）に、そして最後に字内の本社で里神になるという。現在、近江の山の神信仰の多くは、この稲作農耕関連が多い。

一方、狩猟採集とかかわる山の神信仰[74]は、近畿では奈良の吉野山中のものが有名で、それらは、林業や狩猟にかかるものである[75]。そこでは山の神は明らかに女性で、山のあらゆる危険から男の身を守るという。山で作業をする前には、木陰の小さなほこらに祈りを捧げ、男は自分の性器を露出して山の神を喜ばすという。また作業中になにかの拍子でナタなどの道具をなくした場合、山の神がいたずらしていると考え、性器を出して落とした方へむいて振り、呪文を唱える。この仕草を「フリマラ」とよぶ。

さて、小八木の山の神信仰がいつはじまったのかは定かでない。今は田んぼの真ん中にあって、いかにも農耕にかかわると思えるが、ここには風景上の誤解がある。小八木も平地の方は早くから開けたとみえ、奈良時代には水田化されていたようである。しかし山の神のあるこのあたりは田んぼの水利が悪く、ようやく江戸時代に溜め池が造られたことによって、小さな棚田ができたのである。そして、昭和五〇年代のほ場整備で林が全部取り払われるまで、ここは山麓から続く平地林に埋もれていたのだ。椋の巨樹が物語るように、ここは自然林の生い茂る山中だったのである。今は農耕の祭りかもしれないが、もとは山仕事にかかる山の神と筆者はみる。なぜなら椋は、秋に紫黒色の甘い果実をいっぱいつけ、幹や枝は木の道具に使われ、遺跡でもよく出土するからである。石の陽物は見るからに新しそうなもので、古来より何代目かの御神体なのであろう。

日野町中山《なかやま》のイモくらべ祭り

日野町中山は日野川の南に横たわる水口丘陵の、入り組んだ谷奥にある集落である。ここでは毎年九月一日に、奇祭「近江中山の芋競べ祭り」がおこなわれる。集落は東谷と西谷に分かれていて、両谷の氏子がそれぞれトウノイモのズイキ（茎）を持ち寄り、神事に則ってその長さを競うものである。氏子は、相手よりも一ミリでも長いズイキをつくるために、一生懸命に育てるという。

祭りの当日、午後一時になると村内の熊野神社を出て、かみしもを着けたヤマワカ（青年）た

中山のイモくらべ祭（日野町教育委員会）

ちが、ヤマコ（少年）に自慢のズイキをかつがせ、野神山の祭場へ登る。祭場はヤマコにより前十日ほどかけて清掃され、白い川原石を敷き詰めて神聖な場所にされている。清め・礼拝・神供・三三九度・直らい・ヤマコの奉納相撲のあと、いよいよ芋くらべがはじまる。青竹に添えられた、三メートルもあるかと思われるズイキを神役の前につきあわせ、審判役の長老が「ジョウジャク」とよばれる二〇センチほどのカシの定規をあて、扇子を打ち当て幾折りしたか数えていく。最後の微妙なところは、こよりを使って厳密に測られ、東西の長短を決めるのである。昔から西が勝てば豊作、東が勝てば不作といわれている。

さて、この祭りが縄文世界とどうかかわるかというと、芋にある。トウノイモはサトイモ科の芋で葉は紫色をしている。ふつうよく食べる里芋とは異なり、アクが強く今ではほとんど食べることはない。[76] 世界の栽培植物を詳しく調べた、大阪府立大学名誉教授の中尾佐助氏によると、農耕の起源はまず亜熱帯地方の野生バナナの栽培から始まり、次に芋類を栽培する「根栽農耕《こんさいのうこう》文化」[77][78]に移行したという。さらにヒエ・アワなど雑穀類が加わった焼畑農耕がはじまり、水田稲作は一番最後にくると述べた。根栽農耕文化は、約一万五千年前に東南アジアのモンゴロイドによって始められ、ヤムイモ・タロイモを栽培したという。日本の縄文時代では、前期中頃（約五五〇〇年前）に石皿が急増して以後、イモなどの根栽類が食されていたと考えられる。特に縁のある石皿は、イモ類をするのに便利だ。ドングリ食で高まったアク抜き技術を、アクの強い野生のイモ類に適用し、縄文人の食生活が豊かになったと筆者はみる。クズ・ワラビ・コンニャク・ヒガンバナも、アク抜きして食べられるようになった植物だ。トウノイモもアク抜きをうまくやればデンプン質がとれる、まさに縄文食なのである。

もう一つ、サトイモ科のズイキは、よく男性器にたとえられるものである。つまり縄文の石棒が男性器をかたどったのと同じく、山の神に少しでも長い陽物を捧げる神事と筆者はみる。弥生の象徴の稲でない縄文的な作物をもって、山の神まつりをするのがこのイモくらべ祭りなのである。古文書に、嘉応元年（一一六九）の神事の記録があるから、平安時代には始められていたといわれている。なおこの祭りは、平成三年に国の重要無形民俗文化財に指定され、将来も受け継がれていく貴重な神事である。

栗東町上砥《かみと》山《やま》の山の神

栗東町金勝《こんぜ》地区は通称、湖南アルプスに連なる低丘陵の谷間に点在する旧村である。この地域には各集落ごとに山の神神事がおこなわれ、栗東町の民俗に詳しい明珍健二氏の報告(80)では一三の事例があるという。このうち八つの集落で、股木を使った模擬性行為が行われる。そのうちの一つ、上砥山の山の神を紹介しよう。

上砥山は、金勝川沿いの盆地に水田が開けた農村である。ここでは毎年旧暦一月一日から七日にかけて、「山の神のオコナイ」神事が催される。一年前に区内から四人の当役が決められ、下準備は古式どおりに粛々と進められる。二月一日に行事が始まって三日目、男女の神様の人形用に松を切りに山へ入る。男体(オッタイ)は雄松で、女体(メッタイ)は雌松でつくる。そしてそれぞれ白粉と墨で顔が描かれ、男体にはまげを女体には頬紅がつけられる。六日目の「嫁入り」は景気の良い伊勢音頭とともに始まり、三三九度や直礼など実際の結婚式の通りに行われる。そして、いよいよ模擬性行為はその深夜七日目の午前〇時に始まる。

まず四人は、金勝山の上流までいき水ごりで清める。次に紅白餅などの供物をもっこに担いで、東山・西山とよぶ二カ所の祭場に向かう。祭場はヒノキ林の間にしつらえており、しめ縄の張られた御神木のヒノキの前に、ワラで編んだコモとその上に青竹の簀が敷かれてある。御神木の下に供物を供えて灯明をともし、男体を下にして女体をまたがせて、はやし声とともに何度も合体させる。

「オッタイメッタイワーイワイ　ニードサンド（二度三度）ワーイワイ」

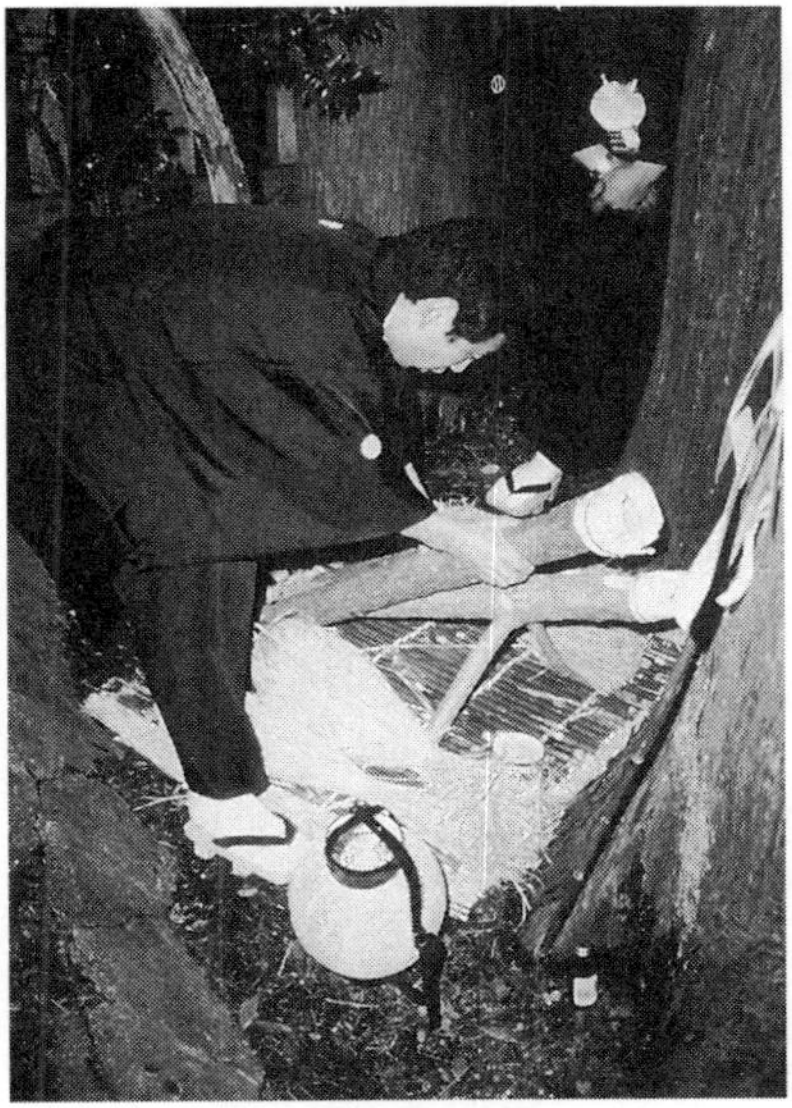
上砥山の山の神

と、深夜静寂の森に響く。羽織はかまで正装の当役も始めは緊張の面もちだが、徐々に口元がほころんでくるのである。

さて明珍氏によると、金勝地区で行われるこれら山の神まつりは、すべて稲作農耕にかかるものという。そして狩猟採集民の山の神である吉野山中のものとは異なり、鈴鹿山脈周辺部では同じ系統の山の神まつりが行われているらしい。一番はじめは純粋に山村集落の狩猟採集のまつりだったのが、日本に稲が伝わるとやがて稲作に結びついた神事に変化するのだ。上砥山でも行事のなかに、玄米や鏡餅が登場するわけがここにある。山の神は女性なのに、その目の前で男女の模擬性行為を見せつければ、嫉妬されて天変が起こるはずである。しかし女性神が忘れられて、男女神の性行為が行われるのは、モノを「産む」行為そのものに神聖さを視たからだろう。稲作祭りの遠い遺伝子には、自然に生きた縄文のまつりが潜んでいるにちがいないと思えるのだ。

能登川町伊庭《いば》の坂下し祭り(81)

能登川町伊庭は旧大中の湖に面した、広大な田園地帯にある農村集落である。ここは古代から水郷村落として栄え、鎌倉から室町時代にかけては、近江守護職佐々木六角氏の重臣伊庭氏が支配するところであった。集落の支配領域も広く、内湖から背後の繖山までに及んでいた。坂下し祭は、繖山の一峰(八王子山)を舞台に毎年五月四日(以前は三日)に行われる祭りである。祭りは村を挙げての大事業で、現在もお稚児さんをつとめる家は、家族じゅう半年前から、またそのほかの村人は一月間、牛・豚・鶏肉に卵・牛乳などを断ち精進潔斎するという。春になると、人口約千人余りのこの村は祭り一色になるのだ。

伊庭坂下し祭

田植えも終えた五月三日に、村内の大浜神社から山頂の繖峰三神社まで約一・五キロメートル、五百キロもあるみこしを三基担ぎ上げておく。四日朝、神楽女《かぐらめ》（巫女）や舞姫《まいひめ》をともない、お稚児さん行列が笙《しょう》・篳篥《ひちりき》のなかをしずしずといき、祭りがはじまる。午後一時、神事の後、いよいよ坂下し祭の本番がくる。チマキがまかれるのを合図に、標高差一七〇メートル、距離五百メートルの道なき道を下ろすのである。途中に何カ所も危険な場所があるが、ここがかえって若い衆の腕の見せどころである。垂直落差二・五メートルもある「吹き上げ岩」、「台懸」「二本松」と続く三〇メートルもある岩ばかりの六〇度斜面など、素手で降りるのさえ危険なところをいく。一番の見せ場「二本松」ではテレビやマニアのカメラがならび、観衆が遠巻きにする。人々も、急斜面の木々にしがみついて見る。もちろん若い衆の怪我はつきもので、下に救急車が待機している。以前は死亡事故もまれではなかったという、危険で勇壮な祭りなのだ。

さて、この祭りは金勝地区の山の神と同様、稲の豊饒を祈る祭りである。天から山頂に降臨した神はやがて村里におり、田畑を潤して秋に作物を実らせる。山の神は野神（田神）になり、里神となって村を守り続けたのである。伊庭は能登川町でも特に古い縄文遺跡をもつ集落で、旧内湖に面した大中の湖東遺跡では、八千年から五千年前の縄文土器がみつかっている。昔は内湖岸の砂地でシジミ捕りをしていると、一緒に土器のかけらがよくひっかかったものだと、古老が話してくれた。

「伊庭の坂下し祭」は昭和五七年三月に、滋賀県無形民俗文化財に選択された。

COLUMN 16

顔・貌・カオ

土偶や土面から縄文人の姿形が、ある程度想像できる。土偶に表れた女性は、やはり愛らしい表情のものが多く、母の大きさをみることができる。一方、土面はすべて男性の顔である。中には福島県三《さん》貫地《かんち》遺跡出土品のように涙を流したものや、石川県真脇《まわき》遺跡出土品のように恐い鬼のような土面もある。また岩手県萪内《しだない》遺跡の大型土偶は立体的で、顔面全体に緻密な入れ墨が施されている。ほかにも入れ墨土面があるから、縄文人は入れ墨を好んで彫ったと思われる。最古の仮面は、中期末ごろ（約四一〇〇年前）の熊本県阿高《あたか》貝塚の貝面で、これとよく似たものは韓国釜山市東三洞《とんさむどん》貝塚でも出土している。本格的に被れる土面は、正楽寺遺跡など後期初めに西日本で出現する。正楽寺遺跡のも含め、被れる縄文土面の多くは無表情である。これは古代ギリシャの仮面や世界の民族例にも共通する、万物創世神の表情だといわれる。絶対神はあらゆる現象に対して、怒りも嘆きもしないということなのだろうか。また、晩期の東北地方には様々な土面が登場する。サングラスをかけた、イヌイット族（エスキモー）そっくりな「遮光器《しゃこうき》型土面」は、土偶の表情にも通じるものである。正面からみて鼻が曲がった「鼻曲がり土面」は、ピカソが多用したキュービズムの技法そのものである。これは、まつり時の幻覚作用で見た表情だともいわれている。テレビの加トちゃん並の滑稽なつけ鼻や耳など、部位ごとの土製品も東北地方で見つかる。東日本では中期の土器に、イノシシとヘビの合体した表情の女神が飾られる。縄文世界にみるカオからは、実に豊かで様々なドラマが読みとれる。

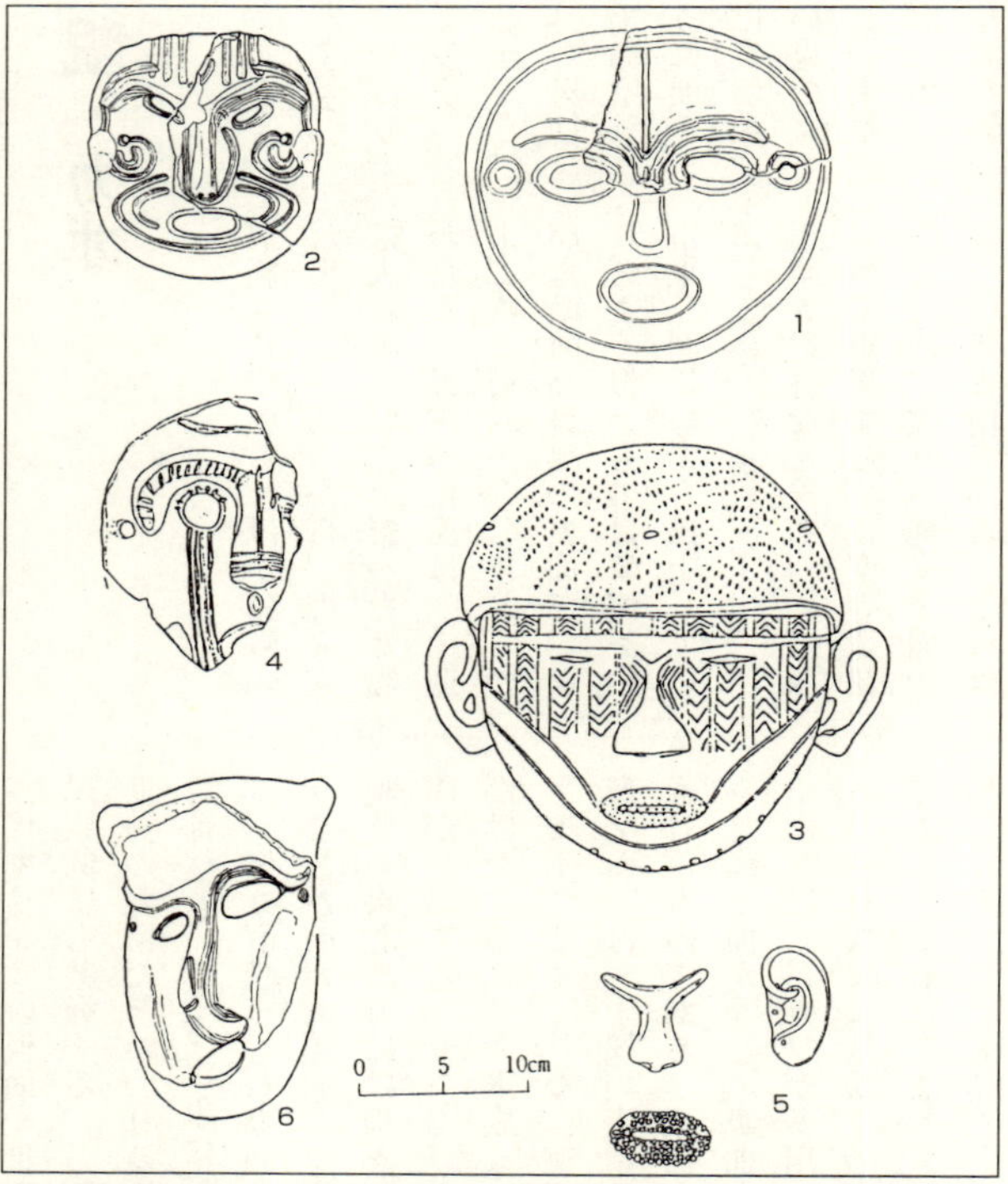

さまざまな土面　1：正楽寺、2：真脇、3：萪内、4：三貫地、5：八天ほか、6：蒔前台

2　縄文人の祈りの世界

石棒の秘密

縄文人が残したまつり道具のうち、土偶と並んで奇妙なものは石棒である。石棒は形のとおり男性器を模したもので、縄文時代中期中頃（約四五〇〇年前）に甲信地方でつくられはじめた。その後、関東から中部の東日本一帯に広まって、近江には中期後半ごろ伝わっている。まず飛騨地方から山越えで伝わったとみえ、中期のものは伊吹町で見つかっている。また、伊吹町では近江で一番たくさんの石棒が見つかっており、[82]現在二二本を数える。近江全体では、おそらく四〇本以上にのぼっていると思われるが、その

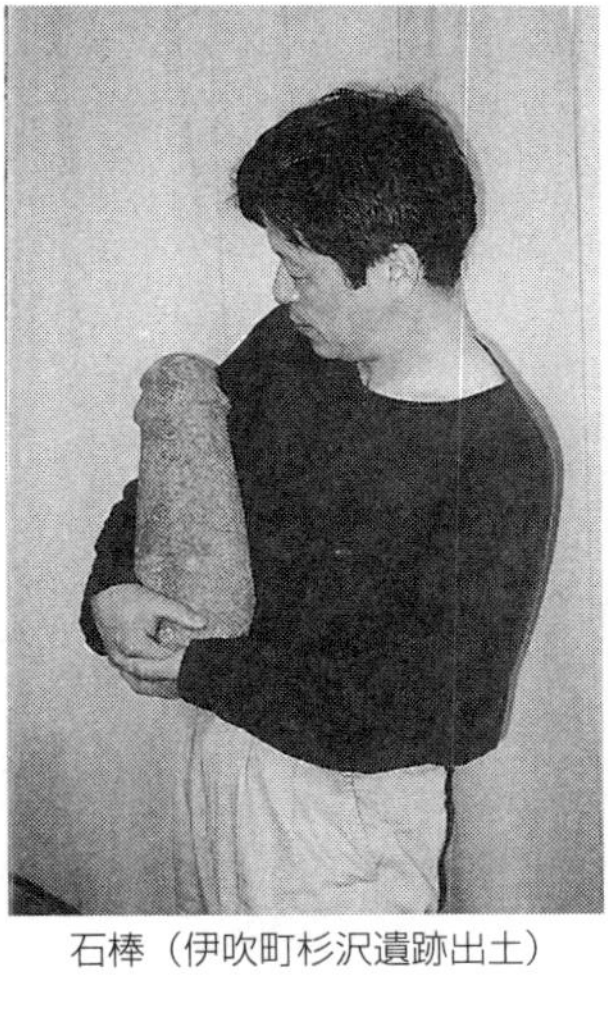

石棒（伊吹町杉沢遺跡出土）

形の奇妙さ故に珍石として個人蔵になっているものもあり、実数の把握は難しい。

日本最大の石棒は、長野県佐久市の田んぼのあぜ道に立っている、二メートルを超すものである。一般的に石棒は、中期の終わり頃までは五〇センチを超す大きいものが多いが、後期以後小さくなる傾向があり、晩期では小型で薄くなる。近江では伊吹町出土の、四〇センチほどのが最大である。中期から後期始めまでは、竪穴住居の奥の祭壇や配石遺構・配石墓に立てたりして、祀っていた例が多いようである。また形の上でも、後期初頭まではペニス形のリアルな物が多いが、後期中ごろ以後はただの細長い石の棒になってくる。

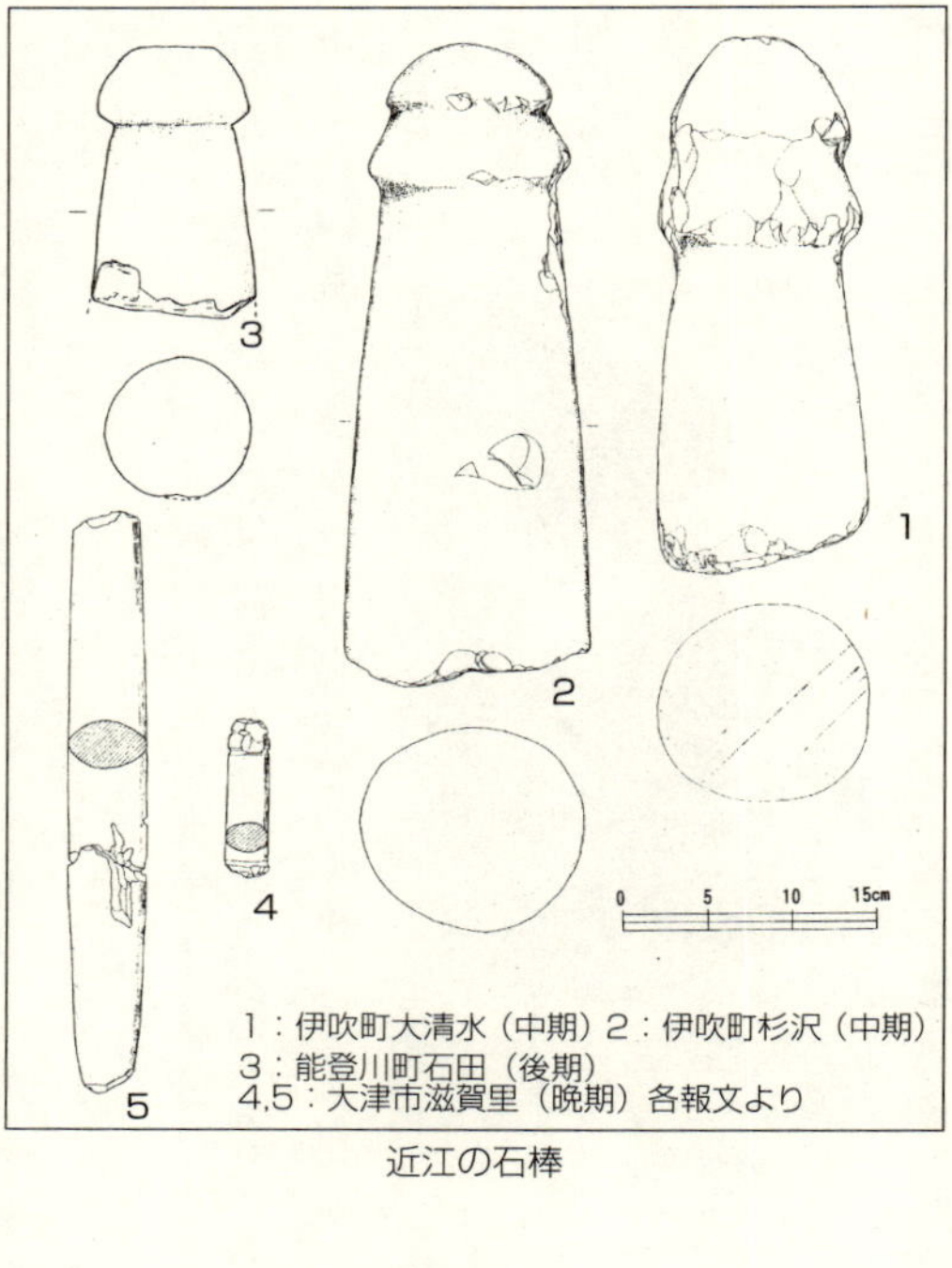

近江の石棒

さて、縄文石棒がどんな使われ方をして、何に対するまつりの道具だったのかについては、次のような想像がなされている。水野正好氏は、狩猟に関わる男のまつりだと明快に説かれた。水野氏の説では、石棒には焼けたものが多いことなどから、まつりの夜に生け贄の獣を解体し、地面に突き立てた石棒にその血肉を浴びせる。そして儀式の最後にまわりから火を放つと、聖なる火の力で血肉は燃えて消滅し、石棒は元の精白な姿に再生するというのである。[83] 渡辺誠氏は水野説を支持しつつさらに、石棒祭祀は成人式にも通じ、ひとりの少年が一人前の大人になっていく過程の中でおこなわれる、「通過儀礼」だといわれる。[84] いわゆる若者宿で行われたであろう、健康な歯を命がけで抜く抜歯など、苦痛を伴う儀式の一つとしてあったと説かれる。もう一つは先に話した小八木の山の神のように、妊娠に関するまじない道具だという説で、これは現代にも通じる子孫繁栄の祈りである。諸説いずれ決しがたいが、自然創造の神の膨大なエネルギーを男性器に見立てて、その力を体得するまつりだったとみてよいだろう。

ところで山の神に陽物が祀られるように、格式ある神社でも縄文石棒が御神体になっていることがよくあるらしい。特に美濃や飛騨地方（岐阜県）にみられ、宮川村大字塩屋宮ノ上の金精神《きんせい》社では、縄文時代の石棒が御神体になっている。ところが近年この神社周辺を発掘してみると、おびただしい量の作りかけの石棒が出土したのである。まさにここは四千年前石棒の生産地で、

田縣神社の豊年祭

観衆と陽物

ここで作られた石棒が各地に流通していったことが判明した。

縄文石棒は弥生時代には引き継がれず、約二七〇〇年前に忽然と姿を消すが、弥生時代中期（約二千年前）に木でできた「陽物」として再び現われる。それは稲作農耕に結びついたまつりで縄文石棒とは異なるものである。しかし男性器をかたどった「男茎形《おはせがた》」祭は、今も各地で秘かに行われている。最も著名な祭は、毎年三月一五日に行われる愛知県小牧市田縣《たがた》神社の、「豊年祭」である。

二・五メートルもあろうかと思われる大おはせ（陽物）が、数千人の観衆の前を練り歩く。世界中から集まった観衆の老いも若きも男も女も、みな頬がゆるむ天下の珍祭で、いまはイベント的な祭りであるが、数千年前の石棒まつりはもう少し深刻で、粛々と行われたのではないだろうか。

石の力…岩神《いわがみ》・磐座《いわくら》

縄文時代は石器時代で、縄文人と石器・石材との関わりは近くて強いものだった。第一幕でお話ししたように、正楽寺ムラで一番多く出土した石器が角ばった石皿で、縄文生活の基本道具である。この石皿は、近くの繖山の崖に露出している通称、湖東流紋岩という板石を抜き取って使う。湖東流紋岩は硬いうえに板状に縦割れしやすく、石皿にはもってこいの石材である。正楽寺ムラのみならず湖東平野の縄文遺跡ではどこでも、この板状石皿がたくさん出土するのである。

繖山の能登川町側尾根は、通称猪子山《いのこやま》とよばれ、麓の猪子山公園から山頂までは車道や登山道も整備されている。山中には広葉樹の自然林が残っていて、山頂からは湖東平野や琵琶湖と比良山地の景勝が見渡せる。少し離れた峰には、先に紹介した伊庭坂下しの祭場があり、さらにこの山中には露出岩を祀った御神体が随所にあるのである。猪子山頂上には、直径一〇メートル以上もある巨岩が露出しているが、この大岩にはしめ縄も巻かれていて、「玉豊姫」「豊川大神」など

能登川町猪子山の岩神

の食物神を祀ってある。またこれに連なる西側崖の洞穴には、知る人ぞ知る「北向岩屋《きたむきいわや》十一面観音」が祀られており、小さな十一面観音の拝観に参拝客が足繁く訪れている。他にも中腹には巨大な船の形をした「岩船＝岩船神社」、山頂とは別の「磐座」や西山裾の「岩神」などがあり、この山全体がまさに聖山のようである。もちろん古墳もたくさんあって、山中の至るところで石室が口を開けていている。

　さて、これら山中の磐座信仰が、一体いつの時代までさかのぼれるかは定かでない。通常、このように路傍の巨石や巨樹を祀ることを原始宗教＝アニミズムといい、世界中のあちこちに存在している。人は、自然界の奇物をあがめるが、岩や樹のそこかしこに宿る精霊を見た。正楽寺ムラから西方へ一・五キロメートル離れたこの山は、狩猟やドングリ集めの舞台であり、正楽寺縄文人の生活領域だったことだろう。そして日ごろよく使う石皿の材料を採りに、たびたびこの山に入ったことだろう。そこで山中の巨岩に出会った縄文人が、ここに食物神や自然界の生産神をみたのは想像がつく。彼ら縄文人にとって繖山は、食べ物が得られる生産の場であり、神が息づく聖なる場なのである。また、石器材料をくれる縦割れの巨岩は、聖なる岩だったのである。岩神・磐座は数千・数万年ものあいだそこに鎮座し続けてきたが、これから数千年の行く末も見続けるにちがいない。

注口土器の意味

縄文土器の中でも、土びん形をした注口土器は一風変わったものである。縄文時代の出土品の中では、土面はじめ石棒・石冠・石剣などのまつり道具と共に、弥生時代に引き継がれず時代の終わりと同時に姿を消す容器である。正楽寺ムラでは一一八点出土しており、他の遺跡にくらべて多く見つかっている。注口土器は縄文時代中期後半、普通の煮炊きする土器に注ぎ口がつく形であらわれ、後期にはいって（約三八〇〇年前）土びん形になった。筆者のみたところ、日本では正楽寺ムラなど近江近辺ではじめて、土びん形に完成した可能性が高いようだ。

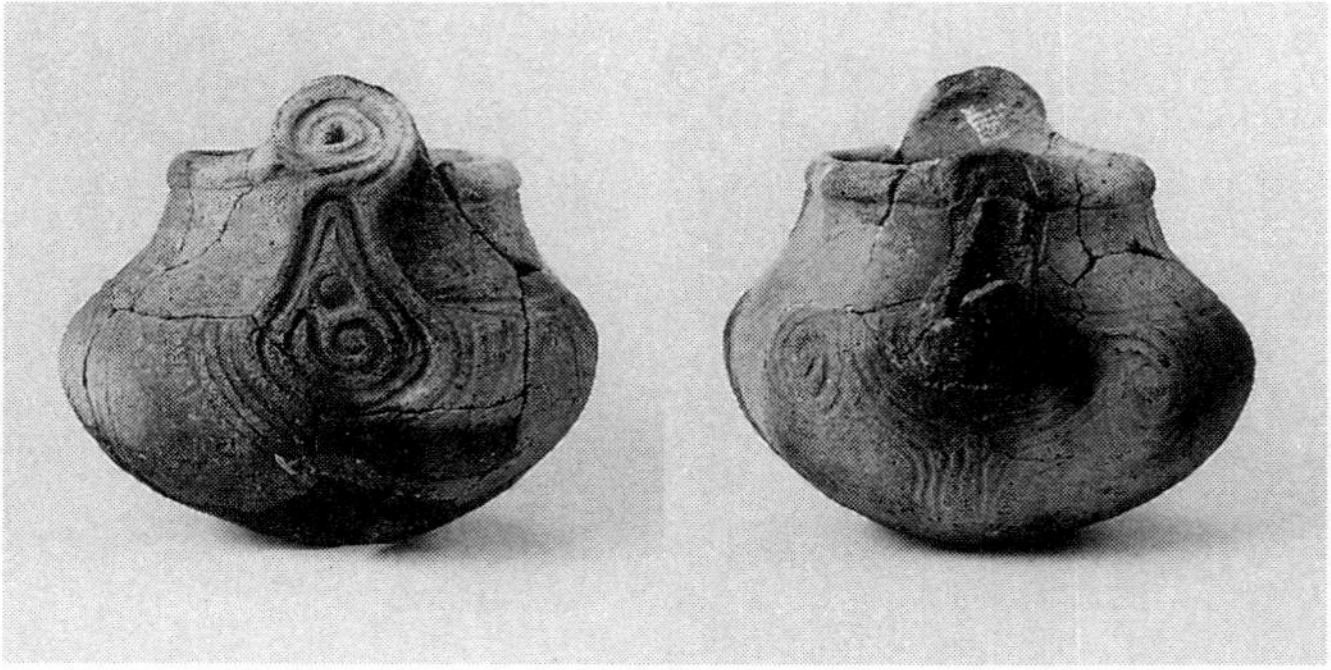

後ろから　　前から

正楽寺遺跡の注口土器

注口土器の用途については、中身が残っていないのではっきりわかっていない。しかし正楽寺ムラ出土品には、それを説くカギが隠されていた。正面から撮った二つの注口土器の写真を見ていただきたい。筒になった注ぎ口の付け根両側に、丸い渦巻きが描かれているが、筒と丸はまさに力強くそそり立った男性器そのものである。またこれらの反対側上部の出っ張りには、円の中央に穴をあけてあたかも女性器を表現している。このような注口土器は日本各地で見つかっていて、青森県玉《たま》清水《しみず》遺跡[85]では睾丸を立体的に表したものもあるほどだ。これらはあきらかに、男女の結合状態を表現しているのである。つまりこの土器には、男女の結合によって産まれる新しいエネルギーが表出しており、自然の神々に内容物が捧げられたのである。では、その内容物とはいったい何だろう。

このことに関し学習院大学の吉田敦彦氏は、男性器と精液の力に対する強い信仰心が、パプア・ニューギニアはじめ世界の民族に残っていると述べている。[86] 子孫繁栄の源として、男性器や精液の力が崇められるのは、日本の「山の神」と同じである。その一例としてパプア台地のサムビア族では、口唇性交によって少年達に精液を飲ませる成人式が、一九七五年にはまだ行われていたという。これらの民族では少年の成長の過程に、一人前の男の精液が奇蹟を起こす妙薬として与えられるというのだ。そして、縄文時代の注口土器はこの精液信仰の儀式を果実酒にかえて、まつりに使われたのだと述べている。つまり中身は果実酒でも、男根状の管を通って出されるだけで、実際以上にみなぎる力が込められるというわけだ。正楽寺ムラに注口土器が多いのも、ここはまつりを盛んにしたムラなので、納得できる話である。たとえば酒以外でも病人に薬草を与えるとき、蘇生のパワーを薬草の煮汁に込めたことは、充分考えられるのである。

外圧に毒されていない、今でもオリジナルな生活文化を残す人々の暮らしの中には、道具や祭祀具に縄文文化に通じるものが多々あり、この想像も一笑に付してはいけない。また単に、性的嗜好としての男色と同一視してもいけない。縄文人もパプア台地の彼らも、自然の中にあらゆる神（精霊）を見る、心豊かで優しい人々なのである。

COLUMN 17

東南アジアの石棒

男性器を表した石棒は、ヒンズー教の絶対神リンガとして祀られている。筆者の見たベトナム・チャンパ族のミーソン遺跡でも、またカンボジアのアンコール遺跡群でも、リンガはヒンズー教寺院の中央祭祀場に誇り高く祀られていた。その大きさは様々であるが、台座を含めると背丈を越すものもざらにある。また台座は、ヨニとよばれる女性神で女性器をかたどってお

ベトナムの石棒（リンガ）

り、ここでも男女和合の創造神の姿が見える。チャンパ族の時の王は、自らの化身にリンガを祀り、祭儀としてリンガに水をかけ、ヨニから伝い落ちる聖水を浴びたという。カンボジアのアンコールでは、仏教寺院で神の偶像が、ヒンズー教寺院ではリンガが御神体とされていて、石積みのよく似た外観では区別がつかなくても、これをみると両者が判別できる。後の宗教争乱などで、今はリンガの多くが抜き取られてヨニのみを残しているが、石棒信仰の普遍性をみることができる。また東南アジアのリンガとヨニのかたちは、これらの国のすり臼とそっくりである。東南アジア各国では、米をドロドロの液状にするため、回転式の臼の下にはこぼれ口がついている。これはまさに女性神のヨニそのものである。筆者は縄文時代の重要な石器、すり石と石皿の関係に、これと同様の意味あいが必ずあったとみている。すり石と石皿はリンガとヨニで、野生植物食に感謝するなんらかのまつりが、これらの石器で行われていたと考えている。

3 太陽と自然界の縄文学

土器文様の神話世界

縄文土器は日本の焼き物史上例に見ない、文様の豊かな土器である。縄文時代が終わった後、弥生時代以後今までの二五〇〇年間に、これほど美しく多様な意匠をもった土器は現れなかった。そして、文様は時代ごとの共通点をもちつつ、二つとして同じものがないのである。一つひとつの形や文様に、作った人の特徴が見えている。それは「下手だ」とか「原始的だ」とかで片づけられない、手作りの妙味でもある。また、時期や地域のもつ固有の文様は、それぞれの情報が盛り込まれているといわれ、地域間交流の結果を文様に見ることもできるのである。土器文様には、様々な神話世界が表現されているといわれており、筆者も同感である。そこでここは大胆に、正楽寺ムラの土器を使って、文様の解読をしてみたいと思う。

まず、縄文時代後期前半（約三八〇〇年前）の特徴として、文様の幅が口・首・胴と三つに分

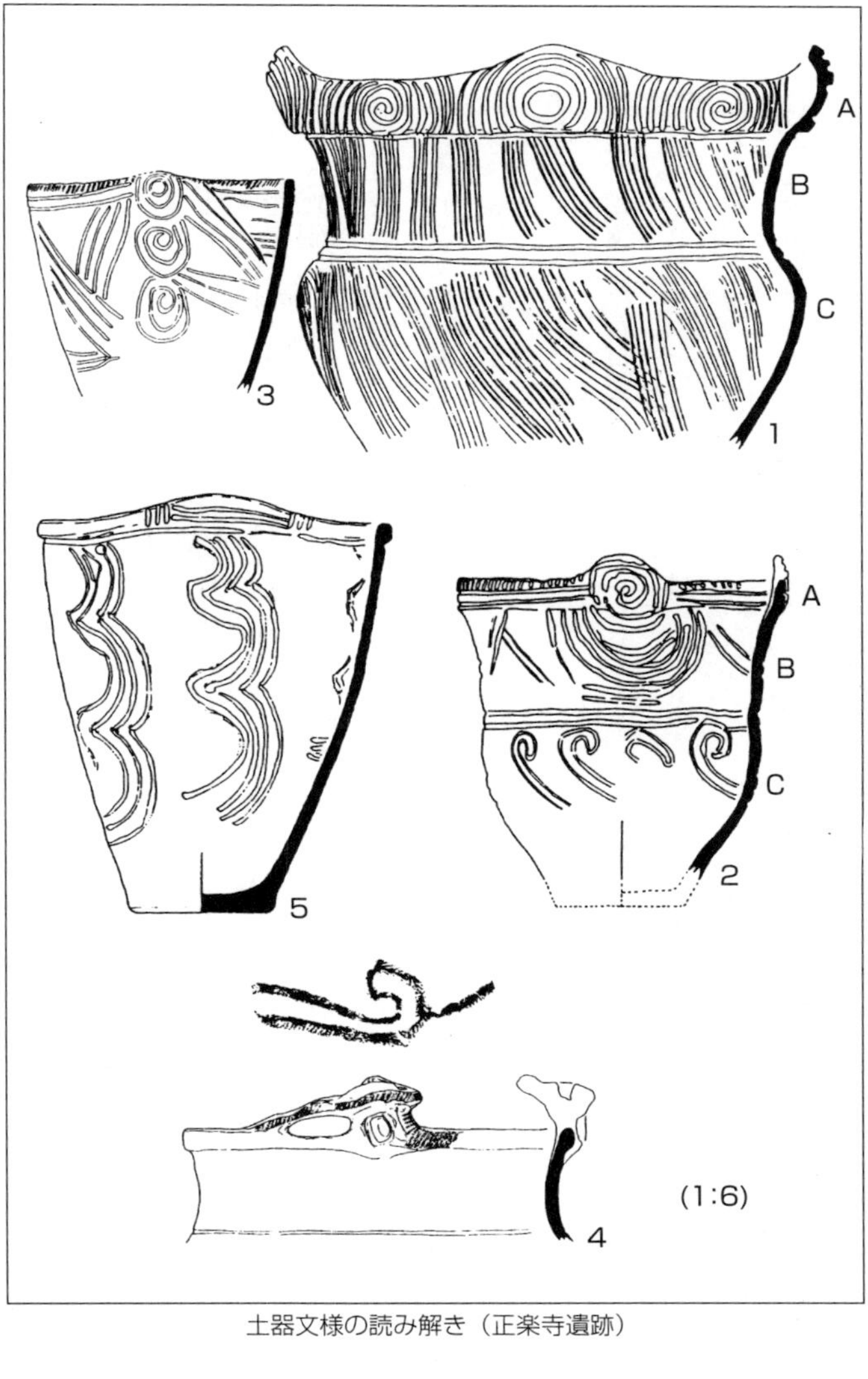

土器文様の読み解き（正楽寺遺跡）

かれる。これを上からA・B・Cとし、仮りにA＝天上界、B＝天と地の間、C＝地上（地面）と考える。するとB・Cのあいだの横線は、地面と空を区切る線（地平線）とみることができる。1と2の文様は、この時期最も流行するものだ。1はA＝同心円、B＝縦線の束、C＝縦線のからみとなり、2はA＝同心円、B＝同心の半円、C＝わらび手文となる。さてこれにふさわしい意味をつけると、Aは太陽（日輪）、Cは植物（草）でその間の1のBは太陽の光、2のBは陽光のにじみと光線になる。つまりここには、太陽と陽光と地上の植物が描かれている、と考える。2のCのようなわらび手文は、中部地方に栄える唐草文の変形で、縄文土器のみならず現代陶器でもよく描かれる文様である。さんさんと照る太陽の下で、活き活きと繁茂する地上界の植物群が描かれているとみるのはどうだろう。この見方でいくと3のような土器も、三つの同心円は日の出を表現しているとみえるのである。

また4は、縄文でウロコを表現し口のまわりを一周して、鎌首をもたげたヘビが表現されている。まさにとぐろを巻いて、攻撃態勢にはいろうとするヘビの力強い姿だ。ヘビ（マムシ）は、その毒性と多産と生命力から神の化身と崇められ、今も信仰する神社は日本中に存在する。縄文時代では中部地方を中心に中期以後、表面にヘビがデザインされた土器は多数ある。ほかにも、人間（神）・イノシシとヘビの合体神・カエル・燃えさかる炎など、様々な文様が土器に描かれるのである。文様の盛んな中部地方の中期では具体的な図柄が多いが、五〇〇年ほど経った後期の正楽寺ムラでは省略化されたとみる。

ところで、このような縄文図像学とでもいうべき研究分野は、ずいぶん遅れているのが現状である。一般に考古学では土器の形や文様は、年代判定と地域判定の材料としてしか取り扱われず、肝心の絵の説明がなされていない。だから本文のような解説は、単なるお話や大胆発言として一笑に付されるのが関の山なのである。現実に物言わぬ土器を語らせるのは難しいから、証拠を求める学問になりにくいのである。しかし、いつまでもそれではいけないと考える。なぜなら遺跡出土物は、考古学者だけのものではなく、自由な発想で様々な研究がはじまってこそ、真の活用といえるのではないだろうか。ラスコー洞窟の壁画群も、アンコール・ワットの壁面彫刻も、単なる絵柄の説明だけではこれほど世界中の関心を得られないだろう。そこに語られる豊かな神話世界があってこそ、今に通じる何かが発見できるのである。縄文土器もこうしてみると違う楽しみ方が生まれ、「縄文」ファンも増えると思うのだが……。

天への道…縄文の木柱まつり

正楽寺ムラで見つかった円形に並ぶ木柱列の空間は、あらゆる条件からみてまつりの場所であるのは間違いなさそうである。まさにそれは申《さる》・寅《とら》六年ごとに行われる、信州諏訪《すわ》大社の御柱《おんばしら》祭[87]の原型なのである。一九九八年の長野五輪の開会式で、勇壮な木遣りとともに立てられた御柱の光景を、覚えている方も多いのではないだろうか。これから始まる大事業の成功と安全を願い、天地八百万《やおよろず》の神々に、山から何日もかけて引き下ろした木柱を奉納したのである。世界中の人たちは、その土俗的な日本の姿に目を見張ったことだろう。諏訪大社では上・下社四柱ずつ、合計八本のモミの大木が二〇キロ以上の道のりを、人力だけで引かれて立てられる。大木は目の高さで直径一・五メートル、長さは二〇メートルもあるという。途中、崖を落とす「木落し」や「川越し」など危険な見せ場では、死者も出るという。氏子たちは身の危険も顧みず、こぞって御柱祭に興じるのである。

もちろん、正楽寺ムラの木柱はせいぜい高さ四メートルほどで、諏訪大社の木柱祭ほど壮大なものではない。しかし一般に知られていないが、諏訪地方では諏訪神社の末社など、集落ごとの柱立てまつりが行われていて、諏訪の「大宮の御柱」のあと「小宮の御柱」が一斉に行われる。その数は総数三千本以上に上るといわれる。それらは大宮の数分の一の大きさであるから、柱立て祭は柱の長さではなく、立てることそのものに意味があると考えてよい。よって縄文の正楽寺ムラでは三〜四メートルであっても、何ら不思議はないのである。

このように柱を地面に立てるまつりは、世界中に存在する。アジアではチベットやネパールを中心に、韓国や中国でも柱だてにまつわる事例がたくさん報告されている。[88] さらにヨーロッパではスカンジナビア半島で、五月に白樺柱を立てるメイ・ポール祭がおこなわれ、私たちになじみが深いクリスマス・ツリーさえ、ケルト人の樹木立て祭に由来するものである。北米インディアンのトーテム・ポールはいうに及ばず、わたしたちの身近にも柱立てに通ずるものがある。たとえば各地の神社のまつりでは、幟《のぼり》旗《ばた》が立てられるし、祇園祭の山鉾も高さを競っている。古来、民族を問わず神は天にあって、高いところを通って地上に降り、幸福と恵みをもたらすと信じられてきたのである。伝説のバベルの塔や、法隆寺の五重塔も同じで、天を突く木柱は天界に通じる

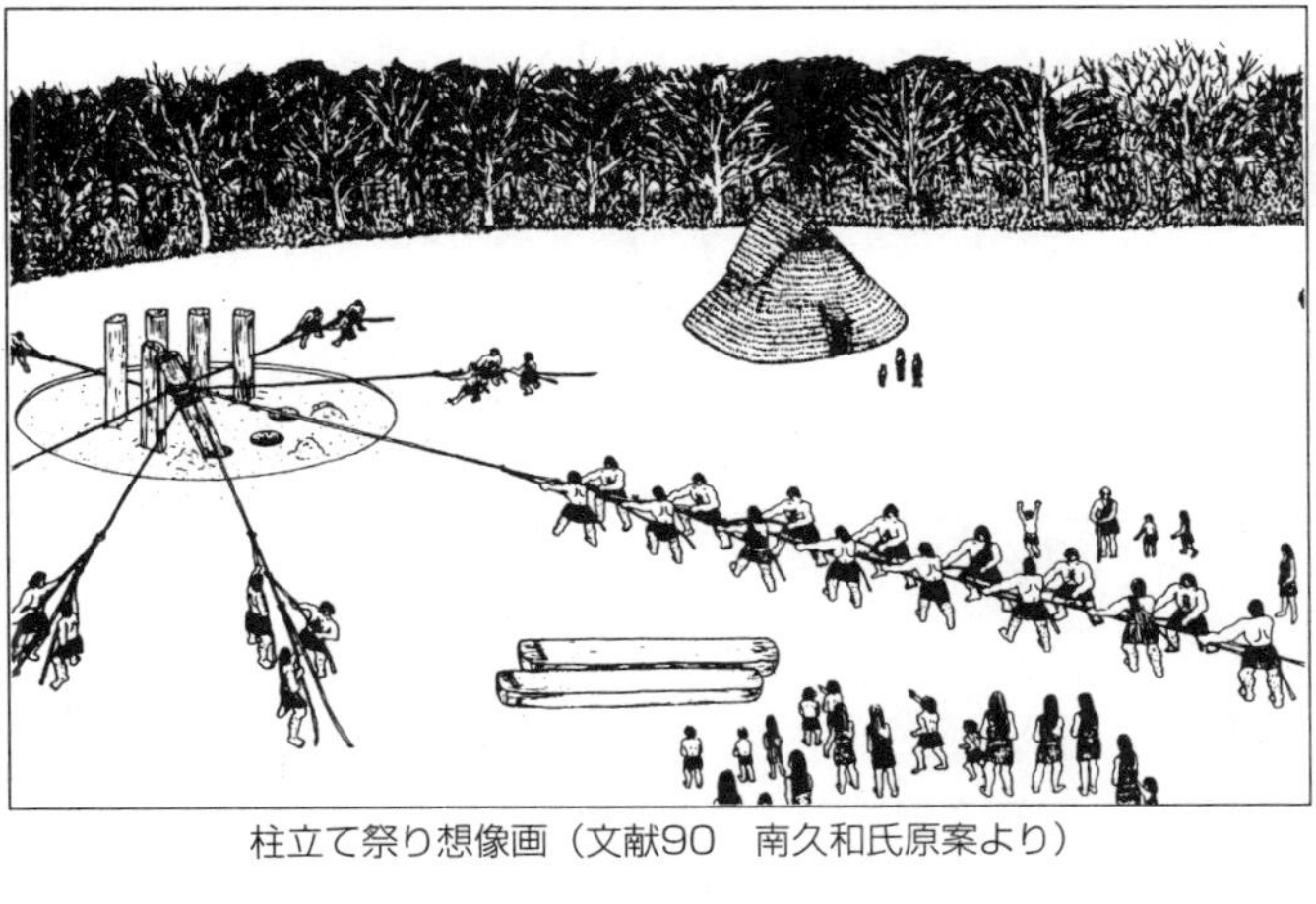

柱立て祭り想像画（文献90　南久和氏原案より）

道なのである。

もう一つ、木柱が列をなして複数立つことを解く鍵は森にある。正楽寺ムラでは六本のサークルが見つかったが、石川県新保《しんぼ》チカモリ遺跡[89,90]では八本、同県真脇《まわき》遺跡[91]では一〇本の木柱が見つかっている。諏訪大社でも四本であるが、複数立つことは「森」を意味していると筆者はみる。いうまでもなく森は縄文人にとって恵みの場所で、生命の全てが存在するところだ。そこに神々の

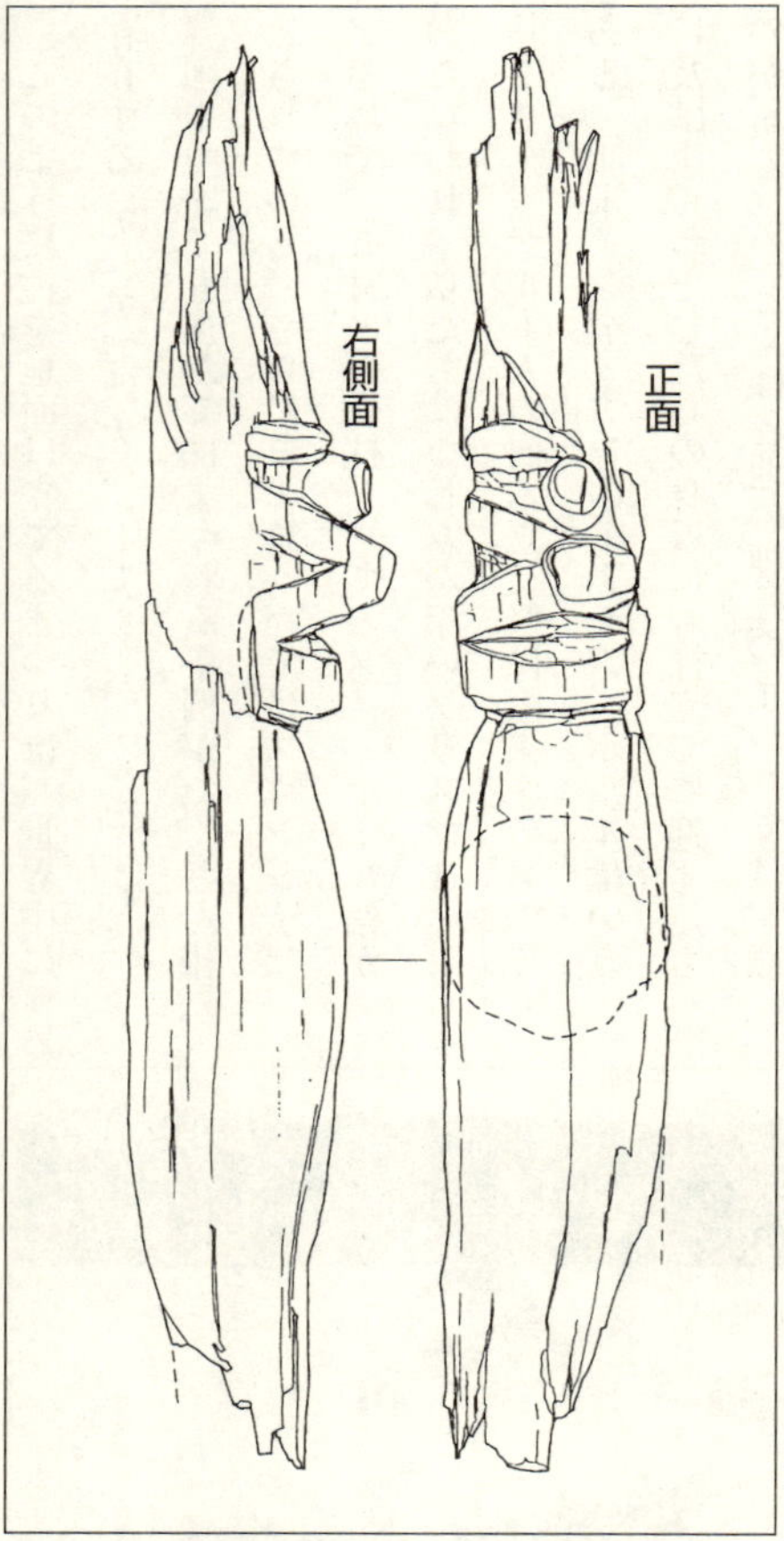

萪内遺跡の彫刻柱（文献92より）

存在を見、木柱を精霊の棲む森の神樹《しんじゅ》としたのだろう。縄文の木柱列のまつりは、森を再現した感謝祭だったとみる。神樹は韓国の民俗例にも現存するし、正楽寺ムラとほぼおなじ年代の中国四川省三星堆《さんせいたい》遺跡では、四メートルもある素晴らしい青銅器神樹が見つかっているのである。

正楽寺遺跡の冬至の落陽と木柱列跡

現在までに縄文時代の木柱遺構は、全国で二〇例を越えていると思われる。正楽寺ムラの木柱列が日本の一番西でみつかったことから、もともと東日本、特に日本海側で盛んだったといえる。また、真脇遺跡や岩手県萪《しだ》内《ない》遺跡では、彫刻柱も出土している。[92] 萪内遺跡の柱には、まさに神の姿が彫刻されていたのである。

さて、正楽寺ムラの木柱列では冬至の夕ぐれ、門柱からみる落陽の写真を撮った。そこで筆者が見たものは、猪子山の頂にある神の磐座に、ゆっくりと太陽が沈んでいくシーンだった。紅い陽のしずくが巨岩をシルエットとなす一瞬、その神々しい夕闇に見た炎の土面まつりは幻覚だったかもしれないが、それ以来、筆者の縄文探索が始まったのである。

幕引き

縄文人はどこへいったのか

およそ一万年間続いた縄文時代が終わりを告げたのは、今から二五〇〇〜二三〇〇年前に大陸からコメ作りが伝わった頃といわれている。弥生時代の始まりである。毎年定期的に、ある程度確実な収穫が望めるコメ作りは人々の生活を変え、同時に伝わった鉄や銅の金属器は、強い者と弱い者をはっきりと区別するもとになった。以来人間は、二千年以上もの間、鋭利な鉄の武器で他者を傷つけ続け、代わりに膨大な物質文明を手に入れたのである。ではコメ作りの伝播とともに、縄文人はどこかへ行ってしまったのだろうか。弥生人の骨の調査では、縄文人とは異なった背の高い面長な細目の人間が、突如、西日本に現れたといわれている。だが、それは渡来した一部の人たちであって、元々住んでいた縄文人がコメ作りを受け入れて、農耕をはじめたのである。それも、ある日いっせいに日本中でコメ作りをはじめたわけでなく、地域によって数百年の時間的なズレがある。一般にその始まりは西日本で早く、東へ行くほど遅いといわれている。だがこれを、文明の進歩の早い遅いと勘違いしてはならない。単なる時間の早い遅いということだ。

たとえば、私たちが食べるハンバーガーはアメリカから伝わり、日本の食生活の中に浸透しつつあるが、主食が一気にこれに変わることはない。ハンバーガーが毎日なければだめだという人もいるが、やはりご飯だという人はもっと多い。現代日本人のコメ食はそう簡単に、パン食にとって代わらないのである。これと同じように、縄文人には自然界の食糧が豊富にあった。コメ作りが東日本でやや遅れるのは、その地域での野生食糧の豊かさの裏返しといえる。さらに私たちがご飯を食べつつパンも食べるように、初めて見る草の先に稔る食べ物を、縄文的食生活の中に徐々にとり入れたのである。水田のない一部の山村で、焼畑農耕によるヒエ・アワ・ソバなどの雑穀栽培が今でも行われているように、生活環境や条件が変わらない限り、生活文化も簡単には変わらない。逆に、食糧としてコメの素晴らしさに気づいた縄文人はいちはやく森を出て、コメ作りにふさわしい水利の優れた場所に、新たな弥生ムラをつくったと想像がつく。

　縄文時代が終わる頃、縄文と弥生両文化の入り混じる一時期があって、両時代の土器が一緒に出土することがよくある。さらに、時間の流れでは完全に弥生時代であるにもかかわらず、縄文的生活を送っていたとみられる遺跡が、日野町で見つかっている。森西城《もりにしじょう》遺跡[93]は水口丘陵の谷あいにある、弥生中期（約二千年前）の遺跡である。ここでは弥生土器と一緒に縄文時代の生活道具、土掘り石器・石皿などが出土している。少し離れた平地には別の弥生時代遺跡があるから、森西城遺跡の弥生人もコメを手に入れて食べていただろう。しかしみつかった生活道具は、土器以外のほとんどが縄文時代的である。コメづくりがはじまって四百年以上たっていても、縄文的生活を変えなかった弥生人がいたのである。そしてその数は、決して少なくなかったと思われる。私たちの祖先は、その後も縄文の生活文化を完全に捨て去ったわけでなく、それぞれの良いところをうまくミッ

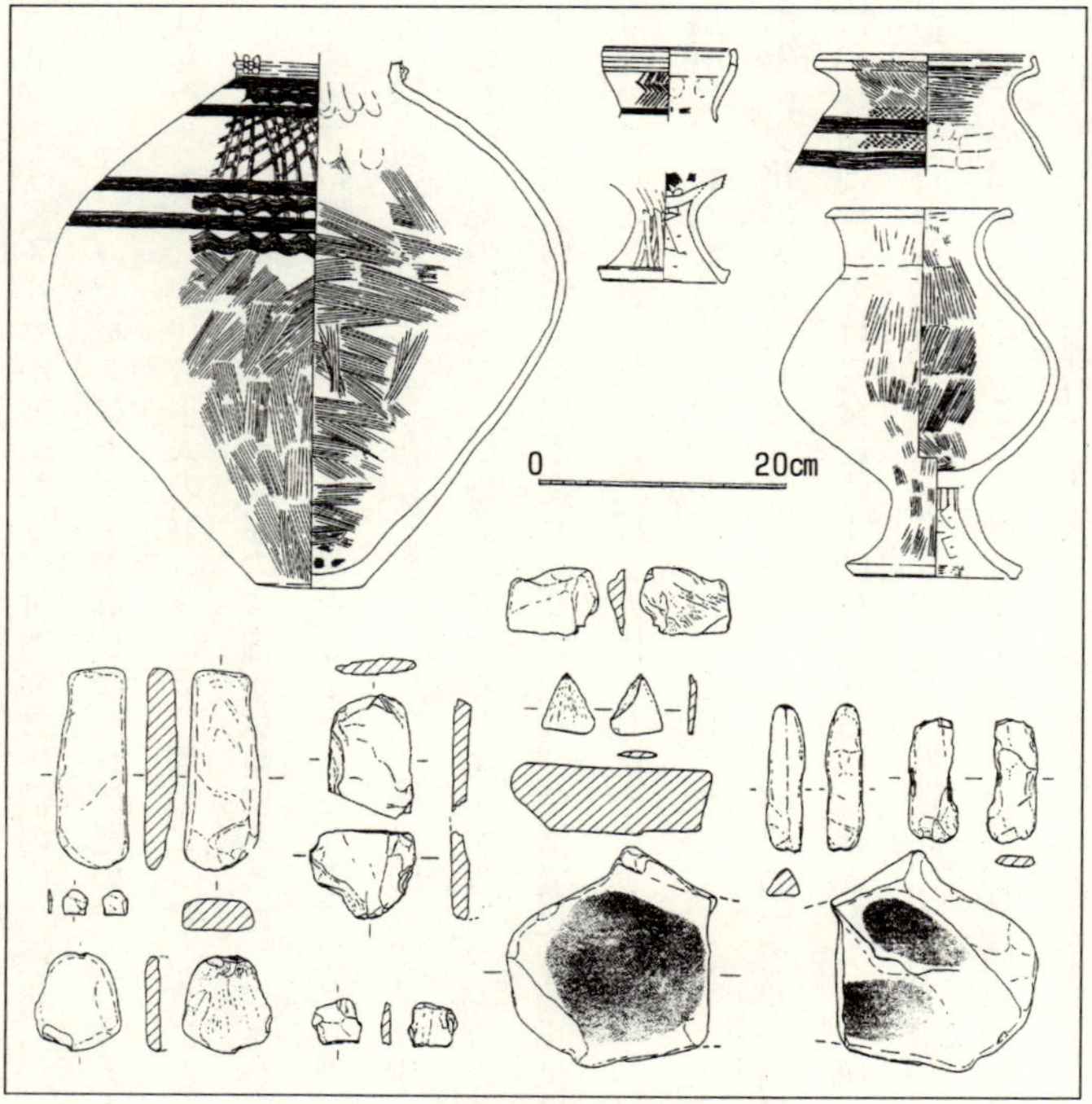

弥生時代の縄文道具（文献93より）

クスさせながら、今日まで歩んできたのではないだろうか。

弥生時代以後、縄文文化は忽然と消滅したわけでなく、今も私たちの暮らしの中に息づいている。縄文人の経験は現在の私たちの血肉となり、精神性は遺伝子に刷り込まれているのである。ただ新しく伝わった呪術や信仰、また容赦のない金属武器をよく思わない一部の縄文人は、これに背を向け人知れず、豊かな森の暮らしに戻ったかもしれない。誰よりも自然を愛し畏れたこの人達が、今もどこかの森深くに住んでいると信じたい。

あとがき

はたちの頃、なにかに憑かれるように、文章書きのまねごとをしていたことがあった。疲れると、ぼんやりした頭をかかえて野山を歩いた。草花や森に癒されて帰ると、また机に向かう日々を過ごしていた。そんなある日、とあることがきっかけでペンを置いた。あとは、肉体労働の日々だった。遺跡調査という仕事に関わったのも、始めは肉体労働の延長だった。その後になって、考古学に出会った。やがて考古学のおもしろさに惹かれ、今度はその学習にのめり込んだ。遅い学問のはじまりだった。やがて縁あって、いまの職場についてからは、現場をこなし調査報告書を刊行し続けた。肉体を苛めることと、学問の研鑽を積むことは、双方に欠落するものが補えて私にはとても心地よかったのである。

しかし行政発掘調査を重ねるにつれ、事務的に次々と遺跡を処理していくことに違和感を覚えはじめていた。その思いがつのったのは、本書に語る正楽寺遺跡の調査を終えようとした頃だった。わたしにとってこの調査ほど、いろんな意味で行政発掘調査の不条理を、自覚させるものはなかった。そのころから、遺跡の発掘成果をどうすれば人々の日常生活に生かせるかについて考えた。だが、終わってみると手元に残ったのは、専門用語にいろどられ、一部の専門家にしか配布しない発掘調査報告書だけだった。これでよいのかという疑問と、遺跡を興味深く見、素朴な感動を私に伝えてくださった多くの人々にたいする忸怩たる思いを、重く腹の底に沈み込ませたまま、次の発掘に着手していった。

結局行きついたのは、発掘成果をわかりやすく語りかけることからはじめることだった。幸い人前で話す機会を得たときは、聴衆がリラックスして楽しめる話を心がけた。本書にもそのような私の指向が顔を出し、本来考古学を全うしようとしている人たちには、眉をひそめられる部分があったと思う。しかし本書の対象とする読者をまず、日頃考古学とはほとんど縁のないみなさんにしたのである。

いま本書を書き終え、かつての悔恨のいくらかを晴らせた安堵感がある。しかし、小冊が私一人の力でなったわけではない。なかでも、名古屋大学の渡辺誠先生にご教授いただいたことや、先生の縄文文化研究の数々の成果は、本書の核となっている。また日頃情報交換いただいている、各地の縄文研究者みなさんのはげましは、大きな力となった。

この執筆を勧めていただいた、アジア考古学研究機構の用田政晴代表はじめ、同メンバーの中井均、山本一博各氏には本書の査読と校正をお願いし、貴重な示唆をいただいた。資料の探索には、瀬口眞司・内田和典両君の協力が大きく、休みごとの縄文遺跡探訪は楽しい思い出となった。

このほか松浦俊和、吉水眞彦、山崎清和、日永伊久男、高橋順之、藤崎高志の各氏には種々お世話になった。ここに記して、お礼申し上げたい。そして、遺跡調査に関わるきっかけを最初につくってくれた母わきと、三代続いた職人修行の棒を途中で折った私に対し、苦言なく見過ごしてくれた父茂三に感謝したい。

さて、二十一世紀がどんな時代になるかはわからない。ある人は自然環境保護を求めるし、またある人は良き人間関係づくりを提唱するだろう。今世紀、物質文明のもたらした数々の惨禍を嘆くとき、縄文時代一万年間の残した精神と知恵に学ぶものは、あまりにも大きい。自然と格闘しながらもまた、自然と一体だった縄文文化には、身も心も豊かになれる栄養素がたっぷり含まれている。だから私はこれからも、その素晴らしさを発見し、たのしい縄文学づくりを目指して、この広い野山を歩いていこうと思っている。

縄文文化に触れることは、私にとっていちばん元気が出る常備薬なのである。

二〇〇〇年六月

植田文雄

◆参考文献◆

■幕前独言
(1)進藤　武『滋賀の石器時代』野洲町銅鐸博物館図録　一九九五年
(2)渡辺　誠『縄文時代の植物食』雄山閣　一九七五年
(3)渡辺　誠『縄文時代の知識』東京美術　一九八三年
(4)池田　碩ほか『滋賀県自然誌』一九九一年
(5)植田文雄「低地の縄文遺跡」『季刊考古学』第五〇号　雄山閣　一九九五年

■第一幕
(6)植田文雄「正楽寺遺跡」『能登川町埋蔵文化財調査報告書』第四〇集　能登川町教育委員会　一九九六年
(7)渡辺　誠「縄文土器の形と心」『双葉町歴史民俗資料館紀要』第一号　一九九二年
(8)都出比呂志「古墳出現前夜の集団関係」『考古学研究』二〇巻四号　一九七四年
(9)植田文雄「縄文時代における食糧獲得活動の諸相」『古代文化』第五〇巻第一〇号　一九九八年
(10)藤森栄一『縄文農耕』学生社　一九七〇年
(11)渡辺　誠「もじり編み用木錘の考古資料について」『考古学雑誌』第六六巻第四号　一九八一年
(12)濱　修ほか『赤野井湾遺跡』滋賀県教育委員会　一九九八年
(13)鈴木康二『上出A遺跡（蛇砂川地点）』滋賀県教育委員会　一九九九年
(14)中川正人「櫛の造形—縄文時代の竪櫛—」『紀要』第一一号　㈶滋賀県文化財保護協会　一九九八年
(15)田坂　仁『日本の櫛—別れの御櫛によせて—』三重県立斎宮博物館図録　一九九五年
(16)植田文雄「拡張、あるいは展開する縄文文化—西日本における埋甕の出現とその変容をめぐって—」『滋賀考古』第五号　滋賀考古学研究会　一九九一年

(17) 磯前順一「縄文時代の仮面」『考古学雑誌』七七―一号 一九九一年
(18) 小泉清隆「古人口論」『日本考古学』二 岩波書店 一九八五年

■第二幕

(19) 濱 修「湖底遺跡と集落分布」『琵琶湖博物館開設準備室研究調査報告』二号 一九九四年
(20) 秋田裕毅「湖底遺跡の成因について」『謎の湖底遺跡を探る』 近江風土記の丘資料館 一九八八年
(21) 用田政晴「琵琶湖の水没村伝承」『琵琶湖博物館開設準備室研究調査報告』二号 滋賀県教育委員会 一九九四年
(22) 秋田裕毅「水位変動に関する試論」『琵琶湖の水位変動に関する記録の調査研究業務調査報告書』 滋賀県地方史研究家連絡会 一九八八年
(23) 用田政晴編『丸子船物語』 サンライズ出版 一九九七年
(24) 用田政晴『信長 船づくりの誤算』 サンライズ出版 一九九九年
(25) 水野正好『近江八幡市元・水茎町遺跡調査概要』 滋賀県教育委員会 一九六六年
(26) 宮崎幹也『長命寺湖底遺跡発掘調査概要』 滋賀県教育委員会 一九八四年
(27) 吉田秀則・細川修平『松原内湖遺跡発掘調査報告書』Ⅱ 滋賀県教育委員会 一九九二年
(28) 小竹森直子「尾上浜遺跡」『平成元年度発掘調査概要』 滋賀県教育委員会 一九九〇年
(29) 横田洋三「縄文時代の丸木舟」『考古学ジャーナル』三四三号 ニューサイエンス社 一九九二年
(30) 赤羽正春「越後の川舟」『日本民俗文化大系―技術と民俗』第一三巻 一九八五年
(31) 宮本常一『山に生きる人びと』宮本常一集 三九巻 未来社 一九八七年
(32) 金谷栄二郎ほか『樺太アイヌのトンコリ』 常呂町郷土研究同好会 一九八六年
(33) 松沢 修ほか『南湖粟津航路(2) 浚渫工事に伴う発掘調査概要報告書 粟津湖底遺

跡』　滋賀県教育委員会　一九九二年
(34)近藤義郎　『土器製塩の研究』　青木書店　一九八六年
(35)渡辺　誠　「藻塩焼考」『風土記の考古学』一　同成社　一九九四年
(36)坪井清足ほか　『石山貝塚』　平安学園考古学クラブ　一九五六年
(37)鈴木重治　「湖西の貝窯」『日本民俗文化大系―技術と民俗』第一三巻　一九八五年
(38)弥栄久志ほか　『上野原遺跡』　鹿児島県立埋蔵文化財センター　一九九七年
(39)中尾佐助　『栽培植物と農耕の起源』　岩波書店　一九六六年
(40)伊庭　功・瀬口眞司ほか　『粟津湖底遺跡第3貝塚』　滋賀県教育委員会　一九九七年
(41)伊賀敏郎　『滋賀県漁業史』　滋賀県漁業協同組合連合会　一九五四年
(42)祝宮　静　「簗漁」『日本水産史』　日本常民文化研究所　一九五七年
(43)植田文雄　「斗西遺跡」『能登川町埋蔵文化財調査報告書』第一〇集　能登川町教育委員会　一九八八年
(44)田井中洋介　「起し又遺跡出土の石錘をめぐって」『起し又遺跡発掘調査報告書』Ⅱ　伊吹町教育委員会　一九九八年
(45)渡辺　誠　『縄文時代の漁業』　雄山閣　一九八四年
(46)渡辺　誠　「弥生時代のうけ」『松本信廣先生追悼論文集』　一九八二年
(47)渡辺　誠　「編み物の容器」『季刊考古学』四七号　雄山閣　一九九四年

■第三幕

(48)中井　均　『磯山城遺跡』　米原町教育委員会　一九八六年
(49)林　純ほか　『古代の交易』近江商人博物館図録　一九九六
(50)吉田金彦　『京都滋賀　古代地名を歩く』　京都新聞社　一九八七年
(51)鈴木康二　『上出A遺跡（蛇砂川地点）』　滋賀県教育委員会　一九九九年
(52)江坂輝弥　「武蔵野台地の中期縄文式文化期湧泉周囲集落について」『人類学雑誌』第五九巻第一号　一九四四年
(53)仲川　靖ほか　『穴太遺跡発掘調査報告書Ⅱ』　滋賀県教育委員会　一九九七年

(54)高橋順之　『起し又遺跡発掘調査報告書』Ⅱ　伊吹町教育委員会　一九九八年
(55)柳田国男　「山人考」『定本　柳田国男集』　筑摩書房　一九六二年
(56)小林行雄　「近江坂田郡春照村杉澤遺蹟」『考古学』第九巻第五号　東京考古学会　一九三八年
(57)用田政晴　『杉沢遺跡発掘調査概要報告書』　伊吹町教育委員会　一九八八年
(58)小江慶雄　「滋賀縣醍醐遺跡発見の石製遺物」『京都学芸大学　学報』A—三　一九五三年
(59)小江慶雄　「滋賀縣醍醐遺跡発見の縄文式土器」『京都学芸大学　学報』A—五　一九五四年
(60)林　博通ほか　『醍醐遺跡』浅井町役場　一九九八年
(61)小江慶雄　「滋賀県番の面縄文式住居遺跡」『京都学芸大学　学報』A—九　一九五六年
(62)『企画展　石の長者・木内石亭』　栗東歴史民俗博物館　一九九五年
(63)近藤　広　「下鈎遺跡」『一九九一年度　年報Ⅱ』　㈶栗東町文化体育振興事業団　一九九三年
(64)『吉見西遺跡現地説明資料』　守山市教育委員会　一九八七年
(65)辻　秀子　「可食植物の概観」『縄文文化の研究　二—生業』　雄山閣　一九八三年
(66)植田文雄　「今安楽寺遺跡第四次調査」『能登川町埋蔵文化財調査報告書』第一七集　能登川町教育委員会　一九九〇年
(67)山本一博　「善教寺遺跡」『能登川町埋蔵文化財調査報告書』第一集　能登川町教育委員会　一九八五年
(68)西　邦和　「林・石田遺跡」『能登川町埋蔵文化財調査報告書』第三六集　能登川町教育委員会　一九九六年
(69)林　純　『新堂遺跡』　五個荘町教育委員会　一九九三年
(70)中村健二　「小川原遺跡3」『ほ場整備関係遺跡発掘調査報告書ⅩⅩⅢ—五』　滋賀県教育委員会　一九九六年
(71)瀬口眞司　『金屋遺跡』　滋賀県教育委員会　二〇〇〇年

(72)葛原秀雄　『今津町文化財調査報告書』第七集　今津町教育委員会　一九八七年
(73)田辺昭三・加藤　修ほか　『湖西線関係遺跡調査報告書』　滋賀県教育委員会　一九七三年

■第四幕

(74)宮本常一　『山に生きる人びと』宮本常一集　三九巻　未来社　一九八七年
(75)柳田国男　「山人考」『定本　柳田国男集』　筑摩書房　一九六二年
(76)大林太良編　『日本民俗文化大系―山民と海人』第五巻　小学館　一九八三年
(77)上山春平　『照葉樹林文化』　中央公論社　一九六九年
(78)中尾佐助　『栽培植物と農耕の起源』　岩波書店　一九六六年
(79)岡本信男　『近江中山　芋くらべ祭』　中山芋くらべ保存会　一九八九年、および日野町教育委員会日永伊久男氏の教示
(80)明珍健二　「山の神祭祀形態に関する覚え書き」『栗東歴史民俗博物館紀要』第一号　一九九五年
(81)伊庭祭り保存会編　『近江の奇祭　伊庭の坂下し祭』　一九八五年
(82)高橋順之　『伊吹町内遺跡分布調査報告書』　伊吹町教育委員会　一九九二年
(83)水野正好　『日本の原始美術　五　土偶』　講談社　一九七九年
(84)渡辺　誠　「異形なるものと呪術」『人間の美術』一　学習研究社　一九八九年
(85)渡辺　誠　『よみがえる縄文人』　学習研究社　一九九六年
(86)吉田敦彦　『昔話の考古学』　中央公論社　一九九二年
(87)上田正昭編　『御柱祭』　郷土出版社　一九九八年
(88)谷川健一ほか編　「特集　アジアの柱建て祭り」『自然と文化』六一号　(財)日本ナショナルトラスト　一九九九年
(89)橋本澄夫・南久和ほか　「特集・縄文時代の巨大木造遺構」『考古学ジャーナル』No.三七七　一九九四年
(90)南　久和　『金沢市　新保チカモリ遺跡―遺構編―』　金沢市教育委員会　一九八三年

(91)加藤三千雄ほか　『真脇遺跡』　能都町教育委員会　一九八六年
(92)工藤利幸ほか　『萪内遺跡』　(財)岩手県埋蔵文化財センター　一九八二年
(93)井上洋介　「森西城遺跡」『ほ場整備関係遺跡発掘調査報告書』XⅣ—四　滋賀県教育委員会　一九九二年

■全体に関する参考文献

(94)林　博通　『古代近江の遺跡』　サンライズ出版　一九九八年
(95)瀬口眞司・小島孝修　「近江における縄文社会の展開過程に関する覚え書き　地域の検討1～4」『紀要』11・12号　一九九八・九九年
(96)関根秀樹　『縄文生活図鑑』創和出版　一九九八年
(97)『冒険図鑑』　福音館書店　一九九一年
(98)『縄文文化の研究』全一〇巻　雄山閣　一九八三年
(99)『図解・日本の人類遺跡』日本第四紀学会編　東京大学出版会　一九九二年
(100)『講座　地球に生きる』全五巻　雄山閣　一九九四年
(101)『上野原遺跡現地説明資料』　鹿児島県埋蔵文化財センター

◆取材協力
滋賀県埋蔵文化財センター、大津市埋蔵文化財センター、大津市歴史博物館、平安学園高等学校、石山観光協会、伊吹山文化資料館、湖北町教育委員会

◆写真提供
滋賀県教育委員会、大津市埋蔵文化財センター、米原町教育委員会、伊吹町教育委員会、日野町教育委員会、能登川町埋蔵文化財センター

■著者略歴
植　田　文　雄（うえだ　ふみお）
1958年　滋賀県愛知郡湖東町生まれ。
佛教大学文学部史学科卒業（日本史専攻）
現在、能登川町教育委員会　埋蔵文化財センター係長
専門は日本考古学

主要著書・論文
「拡張、あるいは展開する縄文文化」（『滋賀考古』第5号、1991）
「古墳時代土器論」（『滋賀考古』第12号、1994）
「低地の縄文遺跡」（『季刊考古学』第50号、雄山閣出版、1995）
「無縁石皿考」（『列島の考古学－渡辺誠先生還暦記念献呈論集－』所収、1998）
「縄文時代における食糧獲得活動の諸相」（『古代文化』第50巻第10号、1998）
『能登川町埋蔵文化財調査報告書第27集－斗西遺跡2次』能登川町教育委員会、1993
『能登川町埋蔵文化財調査報告書第40集－正楽寺遺跡』能登川町教育委員会、1996

現住所　滋賀県愛知郡湖東町南花沢554番地

縄文人《じょうもんじん》の淡海学《おうみがく》　淡海《おうみ》文庫19

2000年7月1日　初版1刷発行

企　画／淡海文化を育てる会
著　者／植　田　文　雄
発行者／岩　根　順　子
発行所／サンライズ出版
滋賀県彦根市鳥居本町655-1
☎0749-22-0627　〒522-0004
印　刷／サンライズ印刷株式会社

ISBN4-88325-127-6 C0021

淡海文庫について

「近江」とは大和の都に近い大きな淡水の海という意味の「近（ちかつ）淡海」から転化したもので、その名称は「古事記」にみられます。今、私たちの住むこの土地の文化を語るとき、「近江」でなく、「淡海」の文化を考えようとする機運があります。

これは、まさに滋賀の熱きメッセージを自分の言葉で語りかけようとするものであると思います。

豊かな自然の中での生活、先人たちが築いてきた質の高い伝統や文化を、今の時代に生きるわたしたちの言葉で語り、新しい価値を生み出し、次の世代へ引き継いでいくことを目指し、感動を形に、そして、さらに新たな感動を創りだしていくことを目的として「淡海文庫」の刊行を企画しました。

自然の恵みに感謝し、築き上げられてきた歴史や伝統文化をみつめつつ、今日の湖国を考え、新しい明日の文化を創るための展開が生まれることを願って一冊一冊を丹念に編んでいきたいと思います。

一九九四年四月一日